文普华化

PUHUA BOOKS

我
们
一
起
解
决
问
题

从预算管理到经营管理

袁国辉◎著

人民邮电出版社
北　京

图书在版编目（CIP）数据

从预算管理到经营管理 / 袁国辉著. -- 北京：人民邮电出版社，2025. -- ISBN 978-7-115-65679-7

Ⅰ. F275；F272.3

中国国家版本馆 CIP 数据核字第 2024X427Q8 号

内 容 提 要

如今，预算管理在企业管理中的作用日益突出，做好预算管理，能够帮助企业实现内部资源的有效配置，让资源产生更多的收益。

预算实操过程不是单纯的理论推演，本书按照企业实际工作流程，从实务操作的角度讲述了预算表格如何设计、如何填写，预算数据如何汇总、如何审核，以及如何以企业发展战略为导向做好预算的执行与控制、修订与调整、分析与评价。本书所描述的预算管理思想若用于实践，相信将有助于企业形成有制度、有评价、有考核，能兑现奖惩，能维护预算管理严肃性的预算管理机制。本书案例丰富，相关资料的配备使内容更容易理解，既可以帮助预算编制人员更好地完成实务工作，也有助于企业管理者提升预算管理水平。

本书既适合企业管理人员、财务人员及财经院校相关专业的师生阅读，也可以作为企业实施预算管理的培训用书。

◆ 著 袁国辉
　　责任编辑 付微微
　　责任印制 彭志环

◆ 人民邮电出版社出版发行　　北京市丰台区成寿寺路 11 号
　　邮编 100164　　电子邮件 315@ptpress.com.cn
　　网址 https://www.ptpress.com.cn
　　涿州市般润文化传播有限公司印刷

◆ 开本：880×1230　1/32
　　印张：8　　　　　　　　　　　　　2025 年 1 月第 1 版
　　字数：128 千字　　　　　　　　2025 年 9 月河北第 4 次印刷

定　价：59.00 元
读者服务热线：（010）81055656　印装质量热线：（010）81055316
反盗版热线：（010）81055315

　　很早以前，我就想写一本关于预算管理的书，拖延至今，终于下定决心把这本书写出来了。论述如何做预算的书并不好写。或许我能熟练地做好预算工作，但试图用文字描述之却有很大难度。预算的实操过程不是单纯的理论推演，预算表格如何设计、底层数据如何填写，数据如何汇总、如何审核，操作易，说清难，要把这个过程用文字清晰且深入浅出地表述出来，对作者的文字功底是极大的考验。

　　做预算与做财务分析，是企业骨干财务人员必备的两大技能。如果一个财务人员欠缺这两大技能，他只能算是比较基层的财务工作者。关于如何做好财务分析，我在2022年写了《从财务分析到经营分析》一书，这本书出版后，广受好评，很多读者朋友建议我再写一本关于如何做好预算的书作为配套，我当即就应承下来。因为这个应承，我总觉得自己欠下了一笔文债。

我虽然心心念念想写这本预算书，却迟迟没有动笔。市面上论述预算的书有很多，既然确实要写，我奢望能把这本书写出些许新意来。我想把它写成一本论述预算方法论的书，财务人员参考书中的内容，就能够把预算工作做好。一如我那本《从财务分析到经营分析》，我希望这本《从预算管理到经营管理》也能成为财务人员做好财务实操工作的工具书。

真到动笔时，我发现写这本书并没有当初想象的那么难。正应了那句话：路虽远，行则将至；事虽难，做则必成。畏难情绪如同一根无形的绳索，会牢牢地束缚想做事的人。要剪断这根绳索，最好的办法是快速行动。这本书的初稿完成后，我带着极大的热情进行了校阅与修订。校阅与修订的过程如同打磨一件艺术品，看着它日臻完善，我内心有种匠人欣赏自己手艺作品的喜悦。

创作这本书的过程，也是我回顾及反思自己曾做过的预算工作的过程。我刚参加工作时，对预算的认知是偏颇的，总觉得预算工作有点务虚。企业编制预算的过程未必严谨，企业对预算执行的过程未必较真，对预算执行的好坏也未必考核，这样的预算管理状况至今仍是很多企业践行预算管理的真实情形。17年前，我入职华为公司财经管理部，最初我做的就是预算管理工作。对预算管理最真切的实践认知，我是从那时开始逐渐有的。

我愿意将预算比喻为企业的经济学，它大概是最微观的经济学。经济学是研究资源配置的学问，资源永远都是稀缺的，所以需要把资源配置到更有效率的地方去，这是经济学存在的意义。企业的资源更加稀缺，企业更需要配置好资源，这是企业预算管理存在的意义。

凡事预则立，不预则废。预算管理是企业对资源进行合理配置的谋划。企业经营者必须有把企业做大做强的雄心壮志，问题是，企业有限的资源未必能撑起经营者无限的"雄心壮志"。从某种意义上讲，预算是对企业经营者

"雄心壮志"的抑制，是对企业无序发展的强制干预。

近些年来，我们看到很多大型企业集团骤然衰落，起高楼、宴宾客、楼塌了，仿佛一切都在转瞬之间。这些企业集团落幕的表面原因几乎都是资金难以为继。普通人居家过日子，尚且知道"看菜吃饭、量体裁衣"的道理，企业的资金怎么就难以为继了呢？当市场红火时，企业一路高歌猛进，此时企业经营者豪情万丈，因高毛利促成了高杠杆与高负债，又因高杠杆与高负债成就了高利润。因经验主义作祟，企业经营者错误地认为只要有高周转加持，杠杆越高，利润就越高。可市场发展有其自身的规律，它不可能永远红火，一旦消费需求减弱，企业的高周转将不复存在，这时高杠杆会给企业致命一击。"其兴也勃焉，其亡也忽焉"，秉持"三高"模式运行的企业兴衰周期特别短。也许只有等到企业资金链濒临断裂时，企业经营者才会感叹："要是事先做做预算该多好！"

单就资金预算而言，首先，企业要规划好资金的用途；其次，要设法筹集资金，弥补资金缺口。使用资金是对事的规划，筹集资金是对钱的规划。把对事的规划和对钱的规划集合起来，就构成了企业的资金预算。企业做好资金预算，一方面能够提升资金的使用效率，另一方面可以避免因盲目扩张而导致投资项目烂尾。企业能做哪些事，除了考虑值不值得做，还要考虑资金能否供应得上。企业能筹集多少资金，先要考虑资金的收益，再考虑资金收益能否支撑企业还本付息。这两点互为因果，互相制约，这种制约可有效遏制企业的资金风险。

预算编制是预算管理工作的开端，后续还有预算执行与控制、预算修订与调整、预算分析与评价，直至以绩效考核为闭环。有制度、有评价、有考核，能兑现奖惩，这是维护预算管理严肃性的关键。

企业在践行预算管理的过程中，有预算而不按预算执行是较为常见的问题。这样进行预算管理，简直就是"过家家"。反过来讲，如果僵化、机械地执行预算，企业又可能陷入缘木求鱼的境地。有位军事家说："枪声一响，再好的作战计划至少也要作废一半。"这句话也可以引申到企业预算管理上。预算编制出来后，企业在执行的过程中，是否也会作废一半呢？这里面就牵扯预算编制是否严谨的问题，我们常说计划赶不上变化，当预算与企业经营实际脱节时，适时做出调整是很有必要的。

很多财务人员总纠结于预算是否做得准，其实这大可不必。预算准不准，本来就有绝对与相对之别，预算结果几乎不具有绝对的准确性。所谓把预算做准，只是说相对准确。毕竟预算是对企业未来经营的预判，未来的事充满了变数，这些变数谁又能样样考虑周全呢？因此，预算做不准是常态，财务人员切不可以此为由否定了预算工作的价值和意义。

这本书稿的修订工作我是在图书馆进行的，图书馆的氛围很适合搞文字著述。四易其稿后，这本《从预算管理到经营管理》终于创作完成了，它也是我在人民邮电出版社出版的第 9 本书。

我对这本书格外看重，创作这本书所花的时间也最多。在创作这本书的过程中，我得到了一些粉丝朋友的帮助，他们是柏苹、吴明容、唐春灵、黄梦雪、童静、罗晓丽女士，裴朝晖、范宏远先生，在此我要对他们的热心付出表示衷心感谢！

　　由于自身水平有限，即便付出了十二分努力，书中也难免存在错讹。如果读者阅读本书时发现有表达不当之处，或有修改建议，烦请不吝赐教，关注我的微信公众号"指尖上的会计"即可留言指正。

袁国辉

2024 年 6 月 8 日于北京

目　录

CONTENTS

第 5 章　经营预算的编制与汇总 / 119

01

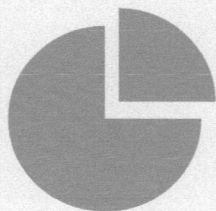

第 1 章

企业为什么要做预算

预算是什么？我将预算比喻为企业的经济学。财务人（也代指会计人）上大学时应该都学过"西方经济学"这门课程。西方经济学有一个基本前提，资源是稀缺的。正因为资源是稀缺的，人又是逐利的，所以诞生了经济学这门学问，经济学可以帮助人们更有效地配置资源，让资源产生更大的收益。我们把这一理论引入企业预算管理，道理也是相通的。

企业的资源（金）更为有限，若企业经营者抱负很大，企业涉足的业务又较广，这也做，那也做，企业资源满足不了经营者的雄心，该怎么办呢？这时预算的作用就凸显出来了。企业应事先规划好资金用途，有所为，有所不为，把有限的资金配置到最能为企业创造价值的地方去。这对企业的经营和发展至关重要，弄明白这一点，我们或许不难理解，预算实际也是对企业经营者任性而为的钳制。

1. "六出祁山"败在预算没做好

预算有没有用，有什么用？历来说法不一。实务中很多人都觉得做预算没有用，究其原因，主要有两点：第一，预算编制的基础不接地气，不可落地执行；第二，预算没有结合考核，花钱超不超、预算准不准无关痛痒。有了第一点原因，出现第二点原因几乎是必然的。同样，有了第二点原因，会倒过来导致第一点原因的出现。预算事关资源分配，抢资源就是抢权力、抢利益。在企业中，各预算责任单位争夺资源的配置并无不妥，但应明确的是，资源配置得越多，预算责任单位需要承担的责任越大。倘若对预算执行好坏没有考核，企业又怎能约束各预算责任单位多占多要呢？预算是管理工具，财务人员如果不能成功地驾驭这一工具，不能让企业全员接受预算管理理念，预算自然是无用的。

预算做得好不好关乎企业生死，也关乎战争胜负。读过小说《三国演义》的朋友都会为诸葛亮"六出祁山"无功而返感到惋惜。唐代诗人杜甫也曾为此写下"出师未捷身先死，长使英雄泪满襟"的诗句。

　　诸葛亮真的只是运气差了一点吗？我们来看看诸葛亮六出祁山都是如何收场的。一出，错用马谡致失街亭，诸葛亮被迫撤军；二出，粮草不济，被迫撤军；三出，后主中了反间计，召诸葛亮回成都；四出，诸葛亮患病，主动撤回；五出，李严因粮草供应不济谎报东吴来犯，诸葛亮被迫撤军；六出，诸葛亮束手无策，被司马懿拖死在五丈原。

　　诸葛亮六出祁山，"二出"与"五出"都是仓促上马，甚至连基本的军需预算都未顾及。蜀汉军队六出祁山，粮草居然断了几次，这岂非笑话？几万人马，平均人天耗粮几何，征战预计多久，这些都是统帅必须考虑的。只要有这些战情预测数据，粮草预算就能做出来。

　　兵马未动，粮草先行，战争拼的就是钱粮。诸葛亮恰恰是在"钱粮"上掉以轻心了，先不说蜀汉国力贫弱，撑不起战争，就算勉强征战，最起码每次军事行动前也应做好预算，备好粮草！财力不足，还要征战；军需预算没做好，就急于出兵，如此运筹帷幄，焉能不败？当然，这只是小说家言，不能完全作数。诸葛亮是军事家，也是政治家，我相信他是会做预算的。蜀汉军队六出祁山屡屡受制于粮草，粮草预算一塌糊涂，并非诸葛亮不会做预算，而是他不屑于做预算。或许他有投机心理，但这却成了他北伐最大的制约。从这个角度看，诸葛亮六出祁山劳而无功是必然的。

2. 预算有助于钳制企业经营者的任性

我见过一些企业经营者，他们做投资决策凭借的是一种感觉，觉得这个项目能赚钱，那个项目也能赚钱，在他们看来，投资的项目越多赚得就越多，因此他们在投资时会有种冲动。这些企业经营者在做投资决策时，根本就没考虑企业的资金是否充足，当前的资金能否匹配其要做的超负荷的事。还有，企业资金链断了怎么办？对此他们不管不顾，只想着先把项目运作起来，至于后期可能出现的问题，到时再想办法。他们有种盲目的自信，总觉得"车到山前必有路""方法总比困难多"，这种心理折射到财务管理上，表现出的就是一种反预算的心理。

通俗来讲，反预算心理是指企业经营者在做决策前，不是先规划好资金，不是先把预算做好，不是卡着预算把事情做成，而是先做起来再说，边做边找钱。钱找来了，皆大欢喜，似乎还能证明企业经营者有很好的决断力；钱没找来，自然一地鸡毛。这样的做法与赌博何异？本质上，反预算心理是一种财务机会主义心理。

秉持财务机会主义做事，不可能每次都走运。企业摊子铺大了，届时钱没找来，资金链一断，很可能会拖垮企业。企业就这样谢幕，也可看作企业经营者不重视预算所遭到的反噬。

再强调一点，企业做预算时一定要经营计划先行，因为预算是企业战略牵引的工具。企业应先确定好发展战略，再将战略按年分解成阶段性目标，并据此制订经营计划，明确企业每年要做什么，然后根据经营计划编制年度财务预算。预算执行的好坏可通过绩效考核进行评价，绩效考核的结果要和员工的薪酬激励挂钩，最终以兑现员工的薪酬激励作为闭环。具体如图 1-1 所示。

清晰吗	明确吗	可行吗	务实吗

战略 ➡ 目标 ➡ 计划 ➡ 预算 ➡ 绩效 ➡ 薪酬

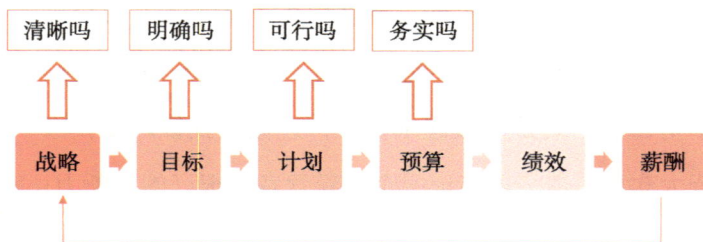

图 1-1　预算对企业战略的牵引

　　先有经营计划，后有财务预算，这个顺序一定不能颠倒。企业经营者在做决策时，心里要有本预算账，懂得量力而行，不能全然无视资金短缺形成的限制。财务管理也好，预算管理也好，它们本身就具有约束的作用与功效。如果预算能够钳制企业经营者的任性，让经营者在做投资决策前保持一份理性，这既是企业经营者之幸，也是企业之幸。

3.预算对企业经营管理的作用

　　当年我应聘华为公司财务预算岗位时，面试官问了我一个"刁钻"的问题，"预算会带来决策上的低效，为什么企业还要做预算呢？"他的问题旨在考察我对预算作用的理解。预算主要有五点作用：明确目标、评价业绩、控制经营、协调部门、配置资源。这五点作用《财务管理》教材上都有说明，可我当时记不起来了，面试官的问题又不能不回答，于是我打了个比喻："当我们来到一个陌生的城市时，最好先买一份城市地图，这份地图不见得能最快速地指引我们到达目的地，但它至少可以保证我们不偏离大的方向。企业做预算应该就有这种作用。"

面试结束后，我赶紧把随身携带的《华为基本法》翻开，里面就有关于预算的描述。《华为基本法》第八十条写道："全面预算是公司年度全部经营活动的依据，是我们驾驭外部环境的不确定性，减少决策的盲目性和随意性，提高公司整体绩效和管理水平的重要途径。"

在预算管理实操中，华为公司设立了多层级的预算控制体系，各经营责任中心的一切收支都要纳入预算管理。华为公司践行的全面预算的主要任务包括五点：

（1）统筹协调各部门的目标和活动；

（2）预计年度经营计划的财务效果和对现金流量的影响；

（3）优化资源配置；

（4）确定各责任中心的经营责任；

（5）为控制各部门的费用支出和评价各部门的绩效提供依据。

预算具有两面性：一方面，因为计划赶不上变化，预算约束可能导致机会丧失，或预算内的资源浪费；另一方面，因量入为出，预算可避免企业因错误决策而一条道走到黑。有调查表明，中小企业的经营者希望预算能起到的作用主要有三点：

第一，量入为出，合理配置资源，避免资金链断裂；

第二，降本增效，卡住成本费用报销，杜绝铺张浪费；

第三，为绩效考核提供依据，特别是针对内部利润中心而言，有了预算就有了参照物，企业就可以根据预算确定 KPI（关键绩效指标），并将其用于内部利润中心的绩效考核。

预算要真正成为可作用于企业经营的管理工具，并非易事，它很难一蹴而就，而是需要时间孵化。一方面，预算受限于会计核算颗粒度与精准度，企业做预算时离不开参照依据，会计核算形成的历史数据无疑可作为预算编制的依据，如果企业会计核算的质量不高，预算编制的依据就会失色；另一方面，预算受限于财务人员的能力水平，如果财务不懂业务，预算就成了财务人员自说自话。

怎样才能让预算起到其应有的作用呢？我有五点建议：

第一，企业"一把手"要重视预算管理并率先垂范接受预算约束，这是企业做好预算工作的前提；

第二，预算编制应全员参与，而非财务人员闭门造车，预算数据编出来后要接地气；

第三，在预算执行过程中，财务部对预算控制要有足够的权威，对固定性预算支出（不随销售收入规模变动而变动的预算支出）要有刚性约束；

第四，市场出现重大变化时，企业要及时调整预算，力争做到预算不与实际脱节；

第五，企业要在会计期末针对预算执行结果进行考评，兑现奖惩。

4. 资金紧张和资金充裕，哪种情况下更需要做好预算

　　企业是在资金紧张时更需要做好预算，还是在资金充裕时更需要做好预算呢？可能很多人的想法是，企业资金紧张时更需要做好预算，既然资金紧张了，企业就应力求做到把每分钱的使用都规划好，把钱花到最恰当的地方去。但在我看来，企业在资金充裕时更需要做好预算。

　　现实中，我们会看到很多类似的案例：企业资金链紧张，生意不好做，但企业仍磕磕碰碰地维持下来了；企业好不容易熬到经营有所好转，账上有钱了，却很快经营不下去了。究其原因，就在于企业资金充裕了，企业经营者想挣更多的钱，于是带领企业做了不切实际的扩张。扩张之道无外乎多建产品线，多开门店，这样一来，企业对资金的需求量势必陡增，企业原本充裕的资金很快会变得捉襟见肘。

　　还有个现象值得我们思考，有些企业年销售规模在两三千万元时，企业运转自如，每年都能实现二三百万元

的利润，可等到企业规模做大后，反倒没了利润，与此同时，企业经营问题会接连不断地涌现。其中的原因有很多，如企业的管理水平跟不上业务发展、企业经营者经验不足、市场拓展没做好……有统计数据显示，中小企业的平均寿命是 2.5 年。我们可以想一下，这些中小企业是连续亏损 2.5 年后才倒闭的吗？我相信很多中小企业都曾盈利过，但盈利后，企业经营者急剧扩张企业规模，后期却经营不善，企业不得不关门。

企业资金充裕时，经营者更应抱着如临深渊的心态，切不可盲目投资。当大多数人都认定某类投资必定有利可图时，企业经营者更应谨慎做出投资决策。须知，企业顺风顺水的经营场景并非常态，经济发展是有周期性的，经济有上升期，也有衰退期。当企业处于经济上升期时，利润会一年比一年好，这时企业融资扩张没什么问题，就怕企业经营者产生一种"融资越多，赚得越多"的错觉，进而完全无视可能出现的经济衰退期。

经济上升期过去后，衰退期会接踵而至，接下来企业的生意会不好做。企业在经济上升期融来的钱马上会变成烫手的山芋，沉重的债务负担会让企业不堪重负，这时企业不仅还不起本金，甚至可能连借款利息也负担不起。更要命的是，借款到期后，企业极有可能无法续借到新的资金来偿还旧债。如此一来，企业会不可避免地陷入债务危机。

唯有惶者才能生存，企业经营者要始终具备危机意识，时刻想着企业将来遇到危机后该怎么办。企业在有钱时，经营者要多考虑将来企业没钱了怎么办，并以此抑制自己的投资冲动。居安思危，不花光所有的钱，这是企业做预算时须守住的底线。企业经营者只要守住这条底线，企业就有可能安然度过经济衰退期。

5. 解读华为预算管理的指导思想

华为公司的预算管理工作做得非常扎实，有些预算管理理念很前卫，其预算管理思想值得其他企业借鉴。下面我结合自己的理解，为大家解读华为公司预算管理的六个指导思想。

（1）聚焦主航道

预算是资源配置的预演，华为公司资源配置的战略思想是，不在非战略机会点上消耗战略竞争力量。透过这一战略思想，我们可以看出华为公司的定力，即聚焦主航道，不为沿途的风景所动。一旦主航道选定后，华为公司会遵照"压强原则"去投入资源。

（2）用压强原则配置资源

所谓压强原则，《华为基本法》中的描述是，"要么不做，要做，就极大地集中人力、物力、财力，以超过主要竞争对手的强度去配置资源，实现重点突破。"

通俗来讲，压强原则就是资源配置时的比例倾向原则，它也是华为公司打败竞争对手的经典策略。这种竞争策略，一方面体现了华为公司的韧性，一旦选准目标，就要全力以赴，不达预期誓不罢休；另一方面也反映了市场竞争的残酷，要想打败竞争对手，公司就一定要聚精会神，谋求针尖突破。

（3）从计划、预算、预测到核算的体系化建设

华为公司的预算从来不是单线运作的，作为一种管理方法，预算要实现闭环作业。华为公司推崇从计划、预算、预测到核算的闭环管理（见图 1-2），财务服务与预算控制并行。

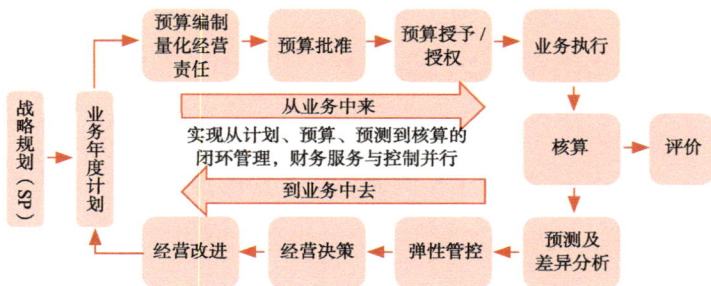

图 1-2　从计划、预算、预测到核算的闭环管理

任正非先生曾提过这样一个观点，"计划是龙头，制订计划的人一定要明白业务。地区部要成立计划、预算与核算部，要让明白业务的人来做头。只有计划做好了，后面的预算才有依据，才能通过核算来修正、考核计划与预算。"

简而言之，在华为公司，计划、预算是牵引，核算是对计划和预算执行情况进行评估和监控，通过企业各级、各阶层计划、预算、核算、考核的闭环运作，实现对作战单元的有效管理。

（4）用规则的确定来应对市场的不确定

为保证预算工作有效开展，华为公司财经人员总结出了预算管理的"三结合"原则：

第一，预算要和经营管理相结合，要把预算当作一个管理工具来使用；

第二，预算要和业务相结合，即预算编制一定要接地气，服务于业务；

第三，预算要和KPI考核相结合，维护预算的严肃性。

预算一旦落地执行，难免会遇到变数。商场如战场，没有一成不变的战场，也没有一成不变的商场。商场立足于市场，市场是在不断变化的，当市场变化后，企业预算如果不能随之变化，就成了胶柱鼓瑟。但是，若预算总变，企业做预算又有什么意义呢？

在实操中，有的企业强调预算应根据企业遇到的实际情况随时变化和调整；但也有企业强调预算一经确定，就不能随意变化，企业要维护预算的严肃性。预算变与不变，似乎都有问题，也似乎都有道理。

辩证地看，预算应变的是数据，不变的是规则。预算规则一旦确立，就不能随意变化，预算数据则应随着市场的变化而调整。任正非先生说："未来的形势扑朔迷离，我们要用规则的确定来应对结果的不确定，这样不管形势发生什么变化，我们都不会手忙脚乱，沉不住气，没有主意。"我们可以把这句话理解为，企业所处的市场在变化，只要企业内部资源配置的规则是确定的，无论市场怎么变都不会影响企业的预算管理。

预算数据的确定，应坚持固定预算与弹性预算相结合的原则。具体言之，与市场无关的支出，实行固定预算；与市场有关的支出，实行弹性预算。所谓弹性预算，就是成本费用及资产购置支出随着销售规模的变化而变化，可以往高了变，也可以往低了变。

市场的变化、政策的变化，作为个体的企业是没有办法完全把控的。但企业经营者应该用心总结应对市场变化和政策变化的规律，并建立可供参考的基线数据库，如建立人工成本率、变动成本率、材料成本率基线等。有了确定的规则与清晰的基线数据，企业就可以根据市场变化及时调整预算，随时纠偏。

（5）支出预算不拘泥于量入为出

企业在编制预算时如何确定支出预算呢？有人可能马上会回答："量入为出啊！"这个回答对，但不完全对。

量入为出，可避免钱花过头，有其合理性，但也有先天不足，它没有界定钱应不应该花，只强调有钱就多花，没钱就少花。实际情况是，有钱的时候不一定要多花，没钱的时候未必就该少花，关键要看钱是否花在了点子上。

对成本或费用中心而言，按照量入为出规划支出预算是对的。若是利润中心呢，支出可能会创造收入，编制预算时到底该量入为出，还是量出为入，这有点像"先有鸡还是先有蛋"的争论。

《华为基本法》在阐述成本控制原则时，针对不同的责任中心，分别提出了不同的控制方法："收入中心和利润中心预算的编制，应按照有利于潜力和效益增长的原则合理确定各项支出水平；成本或费用中心的预算编制，应当贯彻量入为出、厉行节约的方针。"

（6）自上而下为主，"推销"预算

企业编制预算常见的做法是自上而下与自下而上相结合，且以自下而上为主。企业这样编制预算主要是考虑到下级（各部门、各预算责任单位）更了解自己的实际情况，预算最终也要由下级去执行。华为公司的预算编制一度以自上而下为主，总部先根据战略达成要求确定年度收入目标与利润目标；然后依据一定的原则对目标进行分解，并将分解后的目标下发给各地区部；各地区部接到总部下发的收入目标与利润目标后，再做二次分解，并将细分后的目标下发至代表处。

华为公司之所以这样做预算，一方面，体现了华为公司在管理上的自信，上级对下级或平台部门管理者对业务

一线的实际情况足够了解；另一方面，体现了华为公司在考核上的高要求，其在管理上践行强考核导向，公司每年确定的预算目标都是富有挑战性的。华为公司的收入目标与利润目标是如何确定的呢？有个形象的说法，"定在天花板的位置，跳起来够得着才行"。

高标准的预算目标使华为公司各级经营者在承接预算任务时面临较大的考核压力，当然，这种压力也会转化为动力，动力再转化为行动力，让经营者直面挑战，最终实现一次次的自我超越。华为公司也在这个过程中凤凰涅槃，成长为全球非常有影响力的高科技企业。

02

第 2 章

预算工作的职责分工

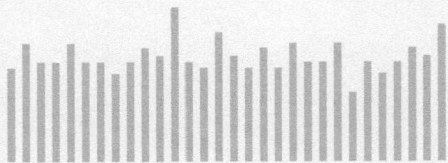

　　企业内部负责预算工作的组织架构是什么样呢？我们以集团型企业为例进行说明，这样规模的企业一般设有专门的预算管理机构——预算管理委员会。预算管理委员会通常设在董事会下面，作为董事会的一个专门委员会存在。因此，预算管理委员会也就成了企业预算管理工作的第一层级责任主体。预算管理委员会的办事机构一般叫"预算管理办公室"，常设在财务部。预算管理办公室牵头组织企业的预算工作，它可视作企业预算管理工作的第二层级责任主体。为了表述方便，本书将财务部参与预算工作的财务人员称为"财务部预算专员"，简称"预算专员"。企业在开展预算工作时，需要内部每个责任单位（具体指企业各部门、各中心、各事业部、各分子公司）参与，这些责任单位就是企业预算管理工作的第三层级责任主体。

　　预算第三层级责任主体无论是各部门、各中心（企业的费用中心、成本中心、利润中心、投资中心等）、各事业部还是各分子公司，它们都需要承接本责任主体的预算工作。通常，企业预算第三层级责任主体需要安排专人来负责预算工作，这个专人可以叫预算员，他们可视作企业预算管理工作的第四层级责任主体。

集团型企业预算工作的组织架构如图 2-1 所示。

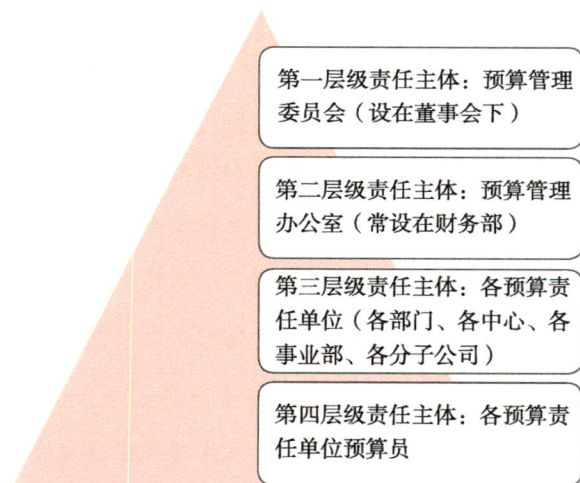

第一层级责任主体：预算管理委员会（设在董事会下）

第二层级责任主体：预算管理办公室（常设在财务部）

第三层级责任主体：各预算责任单位（各部门、各中心、各事业部、各分子公司）

第四层级责任主体：各预算责任单位预算员

图 2-1　集团型企业预算工作的组织架构

6. 谁是预算工作的第一责任人

我们先思考一个问题，企业预算管理委员会的负责人（一般称为"主任"）应该由谁来担任呢？假定有三个人选：董事长、总经理和企业的财务负责人（一般为总会计师或财务总监），其中谁更适合担任企业预算管理委员会主任呢？

可能有人会认为应是企业的财务负责人。的确，我们在实务工作中经常看到财务负责人跑前跑后地忙预算工作。需要说明的是，如果由财务负责人来做预算管理委员会主任，将会削弱预算工作的分量。预算工作是统领企业全局的经营管理工作，它应该是"一把手工程"。既然是"一把手工程"，就应该由企业顶层管理者来领导。

看到这里可能又有人会说："那就由董事长来担任预算管理委员会主任。"这个说法也不准确，企业经营管理的一把手是总经理，而不是董事长。董事长是企业股东会与董事会的召集人，其一般不负责企业的日常经营管理工作。当然，董事长兼任总经理的情形除外。

总经理负责企业日常的经营管理，预算管理委员会主任应该由其担任。预算由总经理牵头责任，总经理需要把由财务负责人牵头编制好的预算方案提交董事会审批，待预算方案获董事会批准后，再由总经理负责落地执行。可以这么说，预算管理的责任重心是落在总经理身上的，这项工作当然应该由其负责领导。

7. 财务部在预算工作中的角色定位

总经理担任预算管理委员会主任，主要是负责预算工作的领导，具体的预算组织工作则应交由相关部门和人员负责。预算组织工作主要由财务部负责，这也是企业预算管理办公室常设在财务部的原因，这样设置等于让财务部承接了日常的预算管理工作。责任在肩，财务部自然也就成了企业开展预算工作的中心，而企业财务负责人与财务部预算专员则是预算工作的主力。

需要说明一点，财务部虽然是预算工作的组织部门、预算数据的汇总部门，但在法理上，它是经总经理授权后，才充当预算工作组织者角色的。如果高估了财务部与企业财务负责人的权威，把预算工作的领导权、决策权一股脑地交给财务部，这等于把财务部架到了火上烤。每到年末企业做下一年度预算时，企业财务负责人仅仅是负责主持预算编制工作，并不能包办所有预算工作，其只是预算工作的组织者、协调者、汇总者，而不是预算工作的决策者。

综上所述，财务部与企业财务负责人只负责预算工作的执行，企业经营者千万不要试图让其充当预算工作决策者的角色。预算工作，一方面牵涉资源的分配，另一方面又涉及将来各预算责任单位的绩效考核。财务部与企业财务负责人既没有决定资源分配的权力，也不具备考评业绩与平衡利益的能力，二者势必难以约束企业内部各预算责任单位的工作。因此，财务部与企业财务负责人只需领会总经理的意图，贯彻执行预算组织工作即可，财务部是具体办事的部门，绝非就预算管理做决定、做判断的部门。

8. 什么样的财务人员适合做预算工作

　　财务部的工作不止预算这一项，预算工作只是财务部工作的一部分。那么，企业应该安排什么样的财务人员负责对接预算工作呢？

　　有些企业财务部内部的分工是这样的，本科及以下学历的财务人员负责会计核算工作，研究生及以上学历的财务人员做财务管理工作，其中就包括预算工作。甚至有些企业在招聘应届会计专业毕业生时就定下了基调，本科生过来后做会计核算，研究生过来后做财务分析和预算管理。

　　我对这样的工作分工一直不大认同，原因在于，财务人员要做好预算工作，需要对企业的业务有充分的了解。会计凭证的附件中蕴藏着许多业务信息，一个应届会计专业的毕业生如能从会计核算工作做起，这将有助于他更好地理解业务。因此我认为，一方面，企业财务管理人员应该从会计核算人员中选拔，把比较有悟性的会计核算人员提拔起来做财务管理工作；另一方面，所有的财务人员招聘过来后，尤其是应届毕业生（无论是本科生还是研究生），都应该先做一段时间的会计核算工作。

做好会计核算工作，不仅有助于加强财务人员对业务的理解；同时，也有助于财务人员更好地理解预算工作。编制预算的过程，可视作一个模拟会计核算的过程，只是这个核算过程不用做会计分录，财务人员仅通过预算数据的关联性，借助预算模板直接生成预算会计报表。这宛如一个武林高手练就了"手中无剑，心中有剑"的绝艺。

每一笔预算留下的痕迹最终都会体现在会计科目上，预算专员做预算时虽不用一笔笔编制会计分录，但却要在心中存有分录，并根据分录出具预算会计报表。从这点来看，预算专员需要具备足够的会计账务敏感性才可胜任预算编制工作。

预算编得是否接地气，同样可比照会计核算做校验。因此，企业在编制预算时，应尽量做到以下四点：

第一，预算归属清晰，科目分类明确，预算科目要与会计核算科目对应，以便未来执行预算考核；

第二，历史数据方便提取，相关财务比率可以对标，历史数据可作为企业编制预算时的参照物；

第三，预算分期与会计分期统一，预算结果输出形式与会计报表形式统一；

第四，未来预算考核谁，该笔预算支出的审批权就应属于谁，责与权需要统一，预算执行时资金支出的审批权限与此对应。

企业做到以上四点，就可以进行财务预算与会计核算的对比分析了。

除了熟悉会计核算，参与预算工作的财务人员还要熟悉业务。原因在于，一方面，懂业务的财务人员数据敏感性更强，他们更容易推导出数据背后的业务原因，他们知晓业务操纵财务数据的另类手段，以及可能引发的财务风险。让他们参与预算编制，企业制定的预算解决方案会更有针对性。另一方面，预算编制不仅是编数的过程，也是对企业未来经营进行牵引的过程。预算牵引不能弄错方向，预算专员绝不能把路给指错了。企业让懂业务的财务人员参与预算工作，他们能更好地起到预算守护人的作用。

　　以企业编制年度预算为例，在编制预算的过程中，财务部预算专员需要做的事情包括制作预算模板与填报说明，提请召开预算动员会，进行战略规划与经营计划的传递，确定预算编制的时间进度及分工。财务部预算专员参与预算编制工作的主要流程为：

（1）收集预算底层数据，并进行多轮次沟通、质询与数据修订；

（2）反复进行预算汇总平衡和风险评估，直至形成获得初步认可的预算会计报表；

（3）对预算会计报表进行一轮或多轮平衡测试；

（4）预算会计报表初定后，需要上报董事会审批，审批通过后才算定稿；

（5）预算专员须对预算进行分解，并将分解后的预算下发至各预算责任单位。

9. 各预算责任单位预算员的职责

　　各预算责任单位要负责本单位的预算编制及后续的预算执行。一般来说，每个预算责任单位都需要指定一名或多名预算员负责填报本单位的预算数据，并跟踪本单位的预算执行情况。

　　预算责任单位的预算员要做好和财务部的预算编制对接工作。预算员虽不一定全职做预算工作，但他仍可视作企业财务部伸向各预算责任单位的预算管理触角。

　　预算员需要做哪些工作呢？

　　首先，预算员需要编制本预算责任单位的预算。当然，这不是预算员一个人的事，他需要负责的是汇总本单位的预算需求，然后把预算数据填报出来，并报请本单位负责人审核。

　　其次，在预算执行过程中，预算员要对本单位的预算执行情况把关，避免预算超标。

最后，预算员要对本单位的预算执行情况进行分析，为本单位的预算管理决策提供建议支持。

通常情况下，预算员应由各预算责任单位的核心成员担任，如销售部的预算员应由销售部副经理或负责行政事务的销售主管担任。为什么要选择各预算责任单位的核心成员来担任预算员呢？原因有以下几点：

一是预算公布前，有较高的机密性，由各预算责任单位的核心成员担任预算员可以避免泄密；

二是这些人员有一定的认知高度，了解本单位的经济业务事项，他们会参与本单位具体的管理工作，对本单位的管理工作知情；

三是他们方便与本单位的负责人直接对话，可以准确理解本单位负责人的预算意图。

03

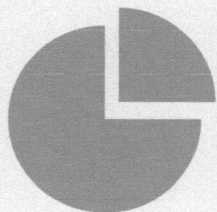

第 3 章

预算工作的组织与执行

正如前面章节所述，在企业预算管理过程中，财务部是具体的组织者与执行者。财务部至少要组织与推动以下六项工作：

第一，制定相关的预算管理制度；

第二，确定预算模板及预算编制口径说明；

第三，组织开展预算编制工作，确定预算编制的时间进度，汇总预算数据，进行试算平衡；

第四，对预算执行进行控制与把关，必要情况下组织做好预算调整工作；

第五，组织对预算执行情况进行分析，并出具预算执行情况分析报告；

第六，参与对相关预算责任单位的绩效考核，负责提供绩效考核数据。

除了上述六项工作，财务部还要参与做好经营计划制订与财务预测，推动预算工作启动、明确预算编制原则等工作，以保障企业预算工作顺利开展。

10. 计划、预算、预测的联系与区别

计划、预算、预测，这三个词财务人员并不陌生。计划、预算、预测都是面向未来的，即对尚未发生的事项进行规划与估量。同样是面向未来，站在预算工作的角度，这三个词又有什么区别呢？这三个词对应的是三项工作，计划是方向，预算是计划的量化，预测是预算执行过程中的校验，三者互相促进。做好这三项工作的关键是做计划的人要懂业务。

（1）计划与预算的区别

我们先来看计划与预算，二者主要有以下几点区别。

第一，有先后之别，先有计划，后有预算。正如生活中的例子，男孩和女孩谈恋爱，女孩对男孩说："明年我们结婚吧！"这是女孩的结婚计划。男孩说："我先算算拍婚纱照要花多少钱、办酒席要花多少钱、度蜜月要花多少钱……"这是男孩的结婚预算。结婚计划一般先于结婚预算提出。

第二，计划往往是针对事情做或不做进行的定性论断，预算是在做出定性论断后，再来确定执行这个计划需要投入多少资源（金）。企业在编制财务预算前，先要确定年度经营计划。年度经营计划确定后，资源如何配置就有了基本的依据，这也体现了计划与预算相互依存的一面。计划有更大的主观性，人们常言"计划赶不上变化"，说的就是这个道理，而预算通常会和绩效考核绑定在一起，一般具有刚性，不得随意变更。市场变化会导致计划变更，计划变更又往往会导致预算变更。

第三，企业运营先有战略，再有目标，然后才会有服务于目标的计划。计划一般是针对经济事项与经营活动而言的，多用描述性语言，说明是否做、何时做，通常不涉及金额方面的表述，如"明年拟开拓华东市场"。预算则是计划的量化与金额化，是数字化了的计划，说直白点，就是要把计划货币化。例如：

● 某企业拟开拓华东市场，计划确定后，企业要进一步考虑开拓华东市场需投入多少资源，预计可以获得多少回报，投入与回报都必须量化为金额；

- 某企业拟加大广告投放的力度，这时要考虑需投入多少广告费，另外要考虑广告的效果如何，能给企业带来多少增量收益等；
- 某企业拟投资一条新的生产线，计划要落地，势必要考虑这项固定资产投入需要花多少钱，资金从哪里来，企业是通过借款或股权融资获得资金，还是使用自有资金购买这项固定资产；
- 某企业要收购其他企业的股权，该企业需要考虑股权对价是多少，企业应在哪个季度融资、需要多少资金、资金成本是多少等；
- 某企业要确保利润不低于前三年的平均数，这时企业要先算出前三年的利润平均额，再据此确定利润预算目标。

以上这些例子都有一个从定性到定量的演进过程，都体现了从计划到预算的递进。

（2）预算与预测的区别

在某些情况下，预算与预测这两个词能通用，如滚动预算和滚动预测就是一个意思。但在大多数情况下，这两个词适用的场景是不同的。例如，每年进入下半年，企业总经理一般会要求财务总监做本年度的收入和利润预测，而不会说做预算；到了年底，总经理一般会要求财务总监牵头做下一年的年度预算，而不会说做下一年的预测。

预算和预测分别适用于什么样的场景呢？通俗来讲，预算实际上是站在预判时间段的最前端，对后面确定的时间段进行完整的预判，如企业做 2025 年年度预算的时间一般在 2024 年年末；预测则不一样，如企业要做 2024 年全年可实现的收入和利润预测，可选择在 2024 年全年任何时间点去做。企业在做预测时，业务的收入和利润已形成一段实际数，同时预测人要对未来一段时间的业务收入和利润给出预判数，把这两段数加到一起，就构成了预测数。

企业做预算和预测的时间点如图 3-1 所示。

总体来说，企业做预算和预测的时间点是不一样的。预算往往在一项经济业务开展前就要做出，它是零起点、全覆盖。预测则不同，它一般在经济事项已开展一段时间后再做出，是半路出家、后端覆盖。因此，预测也可被看作半截子的预算。

企业做 2025 年年度预算的时间：
2024 年 10 月—2024 年 12 月

2024 年	2025 年

企业做 2024 年年度预测的时间：
2024 年全年任何时间点

图 3-1　企业做预算和预测的时间点

（3）预测准确性是衡量企业财务管理水平高低的标尺

预测是管理的灵魂。财务对业务的支持从事后走向事前，预测是可以为之的举措。准确的预测有助于企业做出正确的决策，企业做预测的目的主要有四点：提高经营管理的前瞻性、优化资源配置结构、不断调整经营方向、预见并规避风险。

财务预测往往结合财务分析同步进行。财务分析对推进业务改进是否有用，要从两个层面看：

第一，能否揭示出企业经营中存在的问题，对此财务人员要有足够的数据敏感性，能够找到数据异常的原因；

第二，能否作为企业的管理工具，推动解决业务问题。

揭示问题的能力取决于财务人员的专业水平及其与业务的融合度，解决问题则需要一把手的认同与参与。

优秀的财务分析，一定是结合业务进行的，能够定位业务问题，并且能帮助业务解决经营中存在的问题。财务人员在写财务分析报告时，一般先有分析，后有预测。例如，财务分析报告在结尾处往往要对企业全年的经营指标结果进行预测。很多财务人员会觉得把预测做准很难，他们认为预测就是瞎测。这跟财务人员闭门造车，缺乏做准预测的相关储备有很大关系。

财务人员要想将预测做准，除了知晓企业财务现状，还要对业务有充分的了解。预测可以作为连接财务与业务工作的桥梁。在进行财务分析时，财务人员先要把数据背后的业务原因吃透，据此提出相应的改进措施，在此基础上做出的预测才可能准确。从这个角度讲，预测是检验财务分析质量的标尺，也是衡量企业财务管理水平高低的标尺。

（4）预算与预测，考核以何为准

既然"计划赶不上变化"，企业在预算执行过程中调整预算就是一种常见现象了。企业在制定出下一年的年度预算后，下一年年中根据实际情况做出预测，当预测结果与预算目标有较大差距时，企业该如何对预算责任单位的负责人进行考核呢？企业是以预算目标为绩效考核依据，还是以预测结果为绩效考核依据呢？

我的建议是，如果市场没有出现重大变化，组织机构未做出重大调整，绩效考核的依据应该是原预算目标。那预测的结果有什么用呢？它可以用于过程控制，后续预算执行应以预测结果为主要依据。

一言以蔽之，"考核用预算，执行用预测"。

相较于预算、预测，计划是粗线条的，不量化、不涉及金额，但计划是龙头，然后有预算，预算执行中才有预测。

11. 预算编制工作的启动仪式

大型企业都会把预算编制视为一项非常重要的经营管理工作，它们每年开启这项工作的时间都比较早，一般会定在当年的 10 月中下旬启动来年预算编制工作，有的企业甚至会提前到当年 9 月。

例如，某知名集团公司就在每年 10 月启动下一年的年度预算，启动过程极具仪式感，集团内部需要召开好几次预算启动会议。具体如图 3-2 所示。

第一次会议，集团（总部）层面的经营计划会。该次会议一般由集团（总部）总经理来主持。召开经营计划会的目的是分解战略，明确下一年度企业要做的事和需要达成的经营目标。集团（总部）层面的经营计划会一般需要总部高管、总部各部门负责人及子公司总经理与财务总监参加。

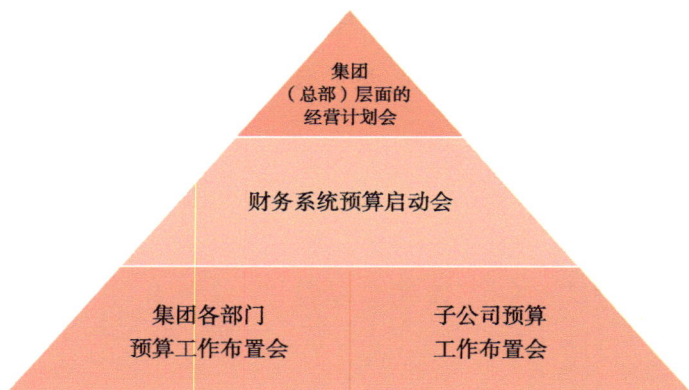

图 3-2　某集团公司预算启动会议

　　第二次会议，财务系统预算启动会。集团（总部）层面的经营计划会召开后，接下来就该由集团（总部）财务部组织召开预算模板与预算填报口径说明会，即财务系统预算启动会。该会议一般由集团（总部）财务负责人主持，总部财务部预算专员、总部各预算责任单位负责人及其预算员、子公司财务负责人须出席会议。

　　第三次会议，各预算责任单位预算工作布置会。集团各部门、子公司等预算责任单位各自组织召开内部预算工作布置会。

经上述三次会议部署，预算工作正式进入编制阶段。中小企业预算工作的启动仪式与之类似，只是少了子公司的预算工作布置会。

12. 预算编制工作的启动事项

财务部在启动预算编制工作时，应先把以下几件事做好。

第一，制定并下发预算模板，同时下发预算模板填报说明。填报说明要明确预算数据的填报口径、预算的基本假设，以及填报预算数据的基本要求。

第二，拟定预算工作各阶段的时间节点，包括前期准备的时间节点、预算编制的时间节点、沟通反馈的时间节点、汇总平衡的时间节点、质询的时间节点、定稿后提交董事会审批的时间节点等。因为预算编制工作时效性较强，工作布置下去后，一定要有时间节点要求。各预算责任单位要如期反馈预算编制情况，不得拖沓。

表 3-1 是某企业于 2023 年第 4 季度编制 2024 年年度预算的时间节点，供大家参考。

表 3-1　某企业编制 2024 年年度预算的时间节点

时间节点	预算事项安排
2023.10.15 前	财务部准备前期资料
2023.10.15	预算编制启动会＋预算培训
2023.10.16—2023.10.31	预算编制期间
2023.10.20	完成销售收入预算编制
2023.10.25	完成生产预算编制
2023.10.31	完成采购预算编制
2023.11.1	各部门上交成本费用预算
2023.11.2—2023.11.7	财务部汇总经营预算，并与各预算责任单位沟通
2023.11.8	财务部编制资金预算
2023.11.9	财务部完成预算汇总和平衡
2023.11.10—2023.11.16	企业对各部门预算进行质询
2023.11.20	初步定稿，报董事会审批

第三，确定好预算填报的分工。例如，各模块的预算应由哪个预算责任单位负责，具体由谁负责填报，数据由谁负责收集、整理、审核及汇总等。

第四，确定预算基线数据，以方便各预算责任单位进行相应的试算平衡。

第五，组织开展预算知识与实践操作方面的培训。财务部要把预算工作的要求和注意事项传递给每个相关责任人，让大家充分理解预算工作，知道如何填报预算数据。

13. 预算编制的分工与填报

一般来说，企业在编制预算时，会按预算模块分工协作。

(1) 企业在编制年度预算时，往往以销售收入预算为起点。销售收入预算，自然由销售部门根据企业确定的经营目标填报。销售收入预算填好后，生产制造部门可根据销售收入预算填报生产预算，然后采购部根据生产预算填报采购预算，即生产预算以销售收入预算为基础，采购预算以生产预算为基础。

(2) 销售收入预算填报完成后，即可确定与之对应的销售成本预算和税金及附加预算。销售成本预算建议由销售部门负责填报，有些企业因为要对产品成本数据保密，销售成本预算可能会让财务部填报。税金及附加预算一般由财务部负责填报。

（3）成本费用预算的填报需要多部门分工协作完成。其中，人工成本预算一般由人力资源部统一填报。期间费用里的变动性费用预算可以由财务部依据预设的变动规则填报，变动性费用预算和销售收入预算挂钩，两者之间存在一定的比例关系，财务部根据这个比例关系确定弹性预算即可；对于固定性的期间费用预算（折旧摊销类费用预算除外），一般由各职能部门自行填报，然后提交财务部预算专员汇总。

（4）财务费用预算一般由财务部负责填报。折旧摊销类费用预算一般也由财务部依据会计核算规则填报，填报依据是各部门资产占用情况及资产受益情况。资产由谁占用、由谁受益，折旧摊销类费用预算就算在谁名下。

（5）对于部分特色的费用预算，如低值易耗品预算，一般先由各责任单位按照需求自行申报，再由负责采购的部门（很多企业由行政部负责办公类低值易耗品采购）统一填报。

（6）其他业务收支预算、营业外收支预算等，由涉及的预算责任单位负责填报。

上述预算项目全部填报完成后，财务部预算专员负责收集汇总并生成预算利润表。除此之外，财务部预算专员还要负责生成预算资产负债表与预算现金流量表，其填报需要结合经营预算、资产采购预算、投融资预算等进行。投资预算及投资收益预算一般由投资管理部门负责填报。筹资预算一般由财务部根据公司董事会决议填报。

14. 财务部需提供的预算基线数据

企业预算编制工作开展前，财务部最好为各预算责任单位提供预算基线数据。这里所说的预算基线数据如同一个参照系。参照系原本是一个物理学概念，它指研究物体运动时选定的参照物体。财务部提供预算基线数据的目的，是让各预算责任单位的预算员在填报本单位的预算时有可资参照的标准，知道该瞄准什么"基线"去填报，以免填报的数据过于突兀。

财务部需要提供哪些预算基线数据呢？列举如下。

人均费用额度：根据这个数据，结合各预算责任单位的员工人数，企业可确定团队建设费、办公用品费等明细费用科目的预算。

费用标准：如员工出差时可以选乘的交通工具、住宿标准、每日餐饮补贴等，有了这个参照标准，差旅费预算很快就能做出来。

成本费用占销售收入的比例：在编制弹性费用预算时，有这条基线，企业可轻松做出变动性成本费用预算。

历史增长率：这条基线主要用于销售收入预算的编制。一般情况下，销售收入预算需要维持既定的增长率，而增长率一般依据历史增长率确定，企业以当年预测的销售收入为基数，再结合销售收入增长率，就能制定出下一年度的销售收入预算。

预期增长率：企业如果不满足于历史增长率，还希望有更高的增长率，可根据目标倒算出预期增长率。

安全库存量：企业生产也好，采购也好，都需要考虑安全库存，预算专员结合安全库存、期初存量与当期销（产）量，可确认每一期的生产量和采购量预算。

账期：账期既指应收账款账期，也指应付账款账期。企业明确了应收和应付账款的账期后，可合理安排资金头寸，再凭借存货的周转期、应收账款的周转期预算数据，就可推算出企业需要投入多少营运资金了。

资金成本率：如贷款利率，企业筹资时，可据此算出需要承担多少资金成本。

15. 基于假设填报预算数据

就像会计做账有四大假设，即会计主体、持续经营、会计分期、货币计量，企业在编制预算时，也要基于一定的假设进行。有了这些假设，预算员才有填报预算数据的依据。

什么是预算假设呢？下面举几个例子来说明。

填报费用预算。企业在填报费用预算时，变动性费用该填多少呢？这里就需要一个假设，例如，预算年度变动性期间费用占销售收入的比例不能高于过去年度历史水平，一般也不能高于本年的预测水平。这个假设意味着变动性期间费用不能随意提升，以免吞噬利润。再如，固定性费用一般不应随着销售收入规模的增长而增长，但由于物价水平在上涨，固定性费用也可能会增加，因此企业在填报预算时，它的增长率可设定为不高于本年 CPI（消费者物价指数）的增长率。

填报人工成本预算。企业在填报人工成本预算时，一般会按照员工上年工资水平填报。但也要考虑工资上涨的因素，企业总不涨工资，员工恐怕会有意见。工资涨多少合适呢？站在员工的角度，当然涨得越多越好，可站在企业的角度，工资涨得太多，企业财力可能承受不了。因此，企业涨薪要贯彻一个原则：羊毛出在羊身上，做大蛋糕才能多分蛋糕。员工要想多涨工资，就要为企业创造更多的利润。一般来说，人工成本的增长率不能高于人均产值的增长率，也不能高于利润的增长率。这就是关于人工成本增长率的预算假设。员工平均产出多了，企业才能从多产出的部分里拿走一些用于员工涨薪，但又不能全都拿走或拿走大部分，否则企业就没有增量收益了。确定这样的预算假设，目的是实现员工和企业的双赢。

企业赊销。企业确认销售收入的同时要确定应收账款，应收账款又可能会衍生一些坏账，企业在这种情况下做预算，是否需要考虑应收账款的坏账率呢？这是企业编制预算时需要做的基本假设。以新增应收账款为例，企业做预算时不能同步预计坏账。与此类似的还有企业在编制生产预算时，要做到零次品率。

基于上述这些预算假设，企业各预算责任单位才能妥善地填报各类预算数据。

16. 预算编制应遵循的基本原则

企业在编制预算时，需要遵循两个基本原则：其一，和业务规模挂钩；其二，向历史水平看齐。和业务规模挂钩，简单来说就是做弹性预算，这是针对编制与业务相关的成本费用预算而言的。向历史水平看齐，是针对编制平台性费用预算而言的，平台性费用的发生与业务拓展基本无关。

企业做费用预算先要区分费用科目的性态，看费用科目是否与企业业务相关联。通俗来讲，就是看单项费用是否随企业销售规模的变化而变化。如果某费用科目与企业的业务关联度高，该费用科目应该做成弹性预算；如果某费用科目与企业业务的关联度低，该费用科目适宜做成固定预算。企业在对费用预算进行控制时，弹性预算须控制比例，固定预算须控制总额。

另外，企业的内部组织架构必须清晰，企业要明确内部预算的责任主体，每一笔预算都要有预算责任主体为之负责。这也是预算编制需要遵循的原则。企业组织架构清晰的优势主要体现在以下三个方面：

第一，有利于财务人员准确归集成本费用，这样归集的财务数据才更有参考价值；

第二，可实现预算的编制与会计核算要求相一致，方便企业对预算过程进行监控；

第三，可以厘清责任单元，明确资源该分配给谁，谁应对考核结果负责。

17. 设定预算目标参考的依据

以确定产出类指标（销售收入、利润、回款额等）的预算目标为例，企业在给某预算责任单位定销售收入、利润、回款额目标时，最好先确定一个基线数据，如历史数据，再据此确定上下浮动的比率。

某集团企业在编制年度预算时，产出类指标预算目标的参考依据就很有代表性——两个"不低于"。例如，2024年年末编制2025年的销售收入预算，预算目标增长率不低于企业2024年的预测增长率，同时不低于2023年企业主要竞争对手的增长率。由于企业在编制预算时2024年尚未结束，所以第一个"不低于"参照的是企业2024

年的预测增长率。如果 2024 年市场疲软，第一个"不低于"可改为参照企业过去三年（2022—2024 年）的预测平均增长率。另外，因 2024 年尚未结束，企业主要竞争对手 2024 年的预测增长率数据不易获取，所以第二个"不低于"参照的是主要竞争对手已公布的 2023 年的增长率数据。具体如表 3-2 所示。

表 3-2　某集团企业产出类指标预算目标的参考依据

指标		×× 责任中心			×× 友商（竞争对手）	
		2024 年预测	2025 年预算	同比	2023 年实际	差异
规模	收入					
	回款					
盈利	工程安装成本率		改进 1PCT			
	销售毛利率					
	销售与管理费用率		改进 5PCT			
	贡献利润率					
运营资产效率	应收账款周转天数		改进三天			
	存货周转天数					
……						

注：PCT 为百分点。

　　每个企业都有各自不同的情况，企业应根据经营实际设定接地气的预算目标。企业在设定产出类指标预算目标时，应尽可能把握一个原则，预算目标不能轻易实现，也不能永远实现不了，相关部门与人员要想实现目标，必须付出较大的努力。

18. 预算编制中的博弈关系

　　企业编制预算的过程既是资源分配的过程，也是各预算责任单位抢夺资源的过程。资源分配就是权力与利益的分配，各预算责任单位的负责人基于本单位利益的考虑，难免会有私心，一方面想让企业给本单位多配置点资源，另一方面想少分担点责任。预算责任单位负责人有这样的私心也可以理解，毕竟预算目标确定后要与绩效考核挂钩，谁不希望自己下一年度的考核压力轻一点呢？

　　企业做预算的主要目的是把有限的资源配置到最能产生经济效益的地方去。企业做预算不能秉持丛林法则，资源配置不能听任"谁会抢，谁就拿得多"，而应讲求责权利统一，多配置资源就得多承担责任。

在某种程度上，预算也是上级对各预算责任单位利益诉求的牵引，这种牵引既包括对各单位达成业绩目标的鼓励，也包括对"多吃多占"的遏制。在牵引的过程中，双方少不了讨价还价，焦点主要聚集在两个方面：

第一，对产出类指标讨价还价，如要实现多少收入、要抢占多少市场份额、要完成多少利润、要收到多少回款，各预算责任单位总想将指标压得低一点；

第二，对支出类指标讨价还价，如明年要花多少钱、要用多少人、要占用多少资源，各预算责任单位都想多索取一点。

因此，企业在编制预算时，与各预算责任单位既涉及产出类指标的博弈，也涉及支出类指标的博弈。既然是博弈，就要有退让，通过妥协达成均衡，达成共识，最终设定企业上下都能接受的预算目标。

这里之所以用到"博弈"这个词，是有所讲究的。预算编制看似只是一个填表、填数的过程，其实是资源和利益分配的过程。既然涉及资源和利益的分配，各预算责任单位势必会有利益之争。在这场争夺中，财务负责人该如何应对呢？估计不同的人有不同的做法。我们或许可以从财务负责人的应对之策中看出其管理与处事的风格。

有些财务负责人善于"打太极"，在各预算责任单位争夺资源时，他们不会明确表态，不说同意，但也不拒绝。这是因为关于企业资源分配的问题，财务负责人说了不算。作为企业的财务负责人，面对预算博弈，应做好平衡的角色，就像天平一样，财务负责人应对各预算责任单位一视同仁，切不可失之偏颇。财务负责人要预先制定好明确的预算规则，这个规则对大家都应是一致的、公平的，同时也要经得起检验。

19. 年度预算的编制与审视

企业在编制年度预算时，财务部要负责对接各预算责任单位，确定预算规则，指导各预算责任单位按照既定规则填报各自的预算。这项工作主要由财务部预算专员负责。各预算责任单位填报好本单位的年度预算后，需将预算报送财务部，财务部预算专员负责对预算进行审视。审视的目的是检验预算的合理性与平衡性。审视工作不是一蹴而就的，预算专员需要对预算进行多轮审视：

第一轮，逐项审核各预算责任单位填报的预算数据，并提出修改意见；

第二轮，汇总各预算责任单位填报的预算数据，从整体平衡角度提出修改意见；

第三轮，财务部根据汇总的预算数据生成预算会计报表，预算专员根据生成的预算会计报表与整体平衡情况再次提出修改意见，通知各预算责任单位调整相关数据。

如此反复，直至各预算责任单位与财务部共同认可预算结果。

预算结果经财务部与各预算责任单位初步确认后，须报送企业总经理审批，总经理可召集办公会对初步的预算结果进行表决。如果总经理或副总经理对预算数据有质疑或发表了否定意见，财务部与各预算责任单位须重新沟通，再次修改预算数据，做试算平衡，直至预算结果获得总经理办公会的批准。获总经理办公会批准的预算还需上报董事会审批。如董事会对预算数据有质疑或发表了否定意见，财务部须按前例再次修改预算数据，并做试算平衡，直至获得总经理办公会与董事会审批通过。

总之，企业做预算充满变数，不可能一锤定音，它会有自上而下、自下而上的反复。这个反复的过程就是博弈的过程，也是平衡利益的过程。

04

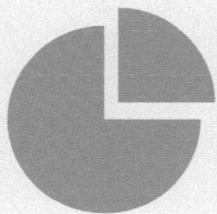

第 4 章

如何设计预算模板

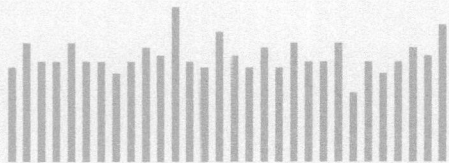

　　经常有会计粉丝朋友问我："有没有好用的预算软件，您可以推荐一下吗？"他们之所以这样问，我猜是因为他们任职的企业预算工作做得不好，想借助预算工具来改进。但问题真的出在工具上吗？未必。企业预算没做好，可能是因为财务人员没有掌握做预算的方法与技巧，也可能是因为企业未配备恰当的预算工具供财务人员使用。财务人员没有掌握好做预算的方法与技巧，预算必然达不到目的；企业没有配备恰当的预算工具，则会降低财务人员编制预算以及进行预算控制的效率。

　　企业预算工作做得不好，到底是因为缺少预算的方法与技巧，还是因为缺少预算工具，这个问题要先定位清楚。只有把问题定位清楚了，财务人员才能有针对性地解决问题。盲目轻信工具，极易搞成唯技术论。总以为工具可以解决一切，这是一种错觉。对绝大多数企业，特别是对中小型企业来说，运用 Excel 这一工具就可以把预算做好，Excel 是一个非常成熟的预算工具。明白了这一点，财务人员后续碰到类似问题时，才不至于迷茫。

实务工作中，财务人员既要学习和掌握预算的方法与技巧，也要及时升级工具包，这两方面都做到了，预算工作做起来才能得心应手。

20. Excel 是当代财务人的算盘

说起算盘，一定会勾起许多人对会计古老的记忆。以前，财务人或者说会计人被称为账房先生。算账，就需要有计算工具，财务人员最原始的计算工具就是算盘。哪怕在 30 年前，算盘仍是财务人员必备的办公用品。

我看过一幅有名的宣传版画《工地女会计》（见图4-1），这幅版画是 20 世纪 50 年代的作品，创作者是周国芳先生。画中的女会计身处工地，办公环境极为简陋。身后她的孩子在简易床上酣睡，做母亲与做会计居然能兼顾，这大概属于那个火热年代的人性化吧！女会计在专注地算账，案头就摆放着一把算盘，她工作时投入的表情曾打动无数会计人。

创作者：周国芳

图 4-1 《工地女会计》版画

2013 年底，联合国教科文组织批准珠算列入非遗名录。初听这个消息，我有种特别的感受。我算是专业学过珠算的人，对其有刻骨的记忆。

1996 年我上大学时，珠算仍是会计专业的必修课，两个学分，要学两个学期，考核要求达到四级标准。这个要求可不低，学生想要通过考试，平时不勤加练习是不行的。为避免手生，那两个学期我每天都会抽出半小时练习打算盘。1997 年，我参加了洛阳市珠算等级考试，当时考试的场景我记忆犹新，考场上，算盘珠子同时在几十个考生的指尖游动，进行着 11 位数的加、减、乘法运算（考题中无除法运算）。几十把算盘噼里啪啦，如拨弄管弦，奏出了音律的韵味。

那个时期，大家都有一种感觉，算盘是财务人员工作的标配。如果财务人员不会打算盘，大概都不好意思说自己是做财务工作的。实际上，我走上财务工作岗位后，从未用过算盘。现在学校也不再要求会计专业的学生学珠算了。随着科技的进步，计算器、计算机、会计电算化横空出世，它们一路"攻城略地"，逐步让算盘的运算优势荡然无存。

财务工作经常有大量的数据需要处理。计算器虽然好用，但它的运算能力有限，其计算速度甚至不如算盘。对于财务大数据的计算与处理，财务人员用得最多的工具是 Excel。自从计算机成了办公标配，Excel 就成了财务工作的标配。用 Excel 进行大量的数据运算，不仅准确、高效，而且便于运算结果的复核。

有人说 Excel 是当代财务人的算盘。我觉得这个说法一点都不夸张。用好 Excel，除了能让数据运算更快捷，还有利于财务人员把工作做得程序化。我认为财务人员用不好 Excel 难成专业高手。试想一下，财务人员如不会用 IF 函数，只怕连工资表都做不好；如不会用 VLOOKUP 函数，多表格之间的关联数据提取会很困难；如不会用数据透视表，则难以进行大数据汇总和分析。可以说，Excel 是财务人员继算盘之后的又一标志性劳动工具。Excel 无疑能提升财务人员的工作效率，让财务工作做起来事半功倍。例如，财务人员可以借助 Excel 编写简易程序，实现复杂的运算功能。我曾见过有财务人员用 Excel 编写出一个可以自动生成会计分录的小程序，这个小程序还能直接生成会计报表，和财务软件所能达成的效果相仿。

记得我在华为公司工作时，华为财经体系对财务人员的 Excel 应用水平是有要求的，财务人员除了掌握 Excel 的基本功能，还要尽量学会使用 Excel 函数与宏。为此，华为财经体系为财务人员安排了许多 Excel 培训课程。

财务人员要想提升 Excel 运用能力，关键要多用，做到熟能生巧。Excel 的许多实用功能和函数，财务人员或

许不能一一记住，但至少应做到心中有数，知道 Excel 有
这些功能。另外，财务人员还要记住一点，大数据规律性
的处理几乎都能通过 Excel 实现。学习 Excel 不仅要学使
用技巧，还要学思维。什么是 Excel 思维呢？我总结为以
下四点：

（1）模板化思维，让思考有条理性和逻辑性，像
Excel 表格一样规整；
（2）寻找规律的思维，从杂乱中理出头绪，就像
运用 IF 函数一样；
（3）程序化思维，让思绪产生联动的效果，就像
建立了 Excel 表格间的公式链接一样；
（4）分出主次的思维，就像运用 Excel 排序功能
与使用 VLOOKUP 函数进行关联数据提取
一样。

　　财务人员熟练使用 Excel，这也是职业化的体现。以
编制合并会计报表为例，借助 Excel，财务人员可做到数
据汇总与合并抵消收放自如。Excel 在管理会计工作中的
运用更为频繁。Excel 不仅是预算成果输出的载体，也是
承载过程数据填报的模板。财务人员在做财务分析时，还

可通过 Excel 进行数据对比，找出异常数据。

　　Excel 是工具，是方法，也是财务人员提升工作能力的利器。用好 Excel，不仅是企业对财务人员的要求，也应是财务人员对自己努力实现职业化的要求。

21. 预算的模板设计

　　有些财务人员在工作时习惯用模板，这样工作会更顺手、更省事，并且更有针对性。华为公司曾对财务人员提出"四化"建设要求：财务理论大众化、财务语言通俗化、财务标准统一化、财务输出模板化。关于模板化，任正非有个非常精辟的论述。任总曾写过一篇名为《华为的冬天》的文章，在这篇文章中，任总指出模板化就是职业化，职业化是指做同样的事情用的成本最低。提炼一个模板，需要很多人花很多的时间去总结，而学会使用一个模板，可能花 15 分钟就够了。如果财务人员通过学习掌握了使用模板开展工作的要领，那他本身就实现职业化了。

　　财务输出模板化有哪些好处呢？

第一，工作成果能够直接体现上级的管理意图。

第二，模板交付格式统一，便于汇总。

第三，就像考试做填空题一样，填空题总比论述题做起来容易，运用模板作业，下级在填报时可直奔主题，避免无效工作。

第四，上级在检阅下级的工作成果时，关注点较为明确，可减少无效阅读时间。

财务输出模板化有利于提高企业财务工作的效率及管理水平。以预算管理为例，企业在编制预算的过程中，合理设计与使用模板，一方面便于预算工作的开展，另一方面也容易凝聚共识。企业长期坚持使用模板编制预算，预算工作的效率将会有明显提高。

22. 预算模板设计的原则

企业运用 Excel 设计预算模板，一般来说需要遵循四个原则："傻瓜化"、固化、明细化、智能化。

　　"傻瓜化" 是指预算模板需简洁直观，要让负责数据填写的预算员一眼就能看出企业的预算管理意图。以部门费用预算表为例，财务人员要先明确各部门涉及的明细费用科目，然后将这些明细费用科目分门别类，加上不同的底色或边框。这样各预算责任单位的预算员拿到预算表后，一眼就能看出哪部分需要填写，哪部分不需要填写，哪些数据是由公式计算出来或引流过来的，从而极大减少预算员因揣摩与熟悉预算表所浪费的时间。

　　表 4-1 是某公司销售部费用预算表示例，可供参考。

表 4-1　销售部费用预算表示例

销售部		1 月	2 月	……	11 月	12 月	合计
人工薪酬	工资						
	社保						
	公积金						
摊折费用	固定资产折旧						
	无形资产摊销						
	长期待摊						
	水电气暖分摊						
专项费用	培训费						
	团队建设费						
	办公费						

（续表）

销售部		1 月	2 月	……	11 月	12 月	合计
日常费用	交通费						
	通信费						
	差旅费						
	招待费						
	快递费						
	其他						
费用汇总							

固化是指预算模板设计要便于后期数据汇总。为了避免预算表格式被篡改，企业要把表样格式固定下来，Excel就有锁定单元格的功能。固化预算模板，一方面不允许增减表样里的行列，另一方面不允许修改预算项（科）目的名称。试想，若各预算责任单位预算员随意在 Excel 表页中插行插列、删行删列，财务部预算专员在汇总数据前，必须对各预算责任单位提交的预算表逐页、逐行、逐列进行检查，这势必会增加预算专员的汇总工作量。

明细化的目的是让预算数据的维度足够完整。数据维度包括时间维度与责任维度，责任维度通常包括产品线维度、区域维度、客户群维度、子公司维度等。

　　智能化是指预算模板应设计得像小程序一样。实务中存在这样一种情况，面对一大堆预算表格，有些预算员在填写时不够严谨，因为要填的表太多了，他们难免会对数据不敏感，在填写预算数据后他们可能连一些明显的错误都发现不了。如果财务部在设计预算模板时，能在 Excel 表格中设置提醒和报错功能，则可以避免此类问题。例如，当数据填写异常时，模板会自动提示"请注意查证数据的合理性"。同时，预算模板要能做到自动运算，自动出结果。模板中填写的原始数据改动后，预算结果能随之变化，并随时实现这种变化。事实上，我们在编制预算的过程中，原始数据改动的情况很常见。原始数据调整了，预算结果同步更新，这是预算模板智能化的表现。

23. 使用 Excel 制作预算模板的逻辑

　　Excel 是制作预算模板的好工具。预算编制最终呈现的结果是预算会计报表（见图 4-2）。预算会计报表类似于会计核算人员进行月度结账后生成的会计报表。会计报表生成的逻辑是什么呢？现在企业基本上都实现了会计电

算化，会计核算人员在财务软件中录入会计分录后，财务
软件即可自动生成会计报表。可以说，在会计电算化场景
下，会计核算工作已经简化为做分录。会计分录是财务软
件生成会计报表的基石。

图 4-2　预算编制最终呈现的结果

　　编制预算会计报表虽说无须做分录，但预算模板中仍
需要预算员填列底层数据。如果没有翔实的底层数据做支
撑，手工操作也好，用预算模板自动运算也好，都无法汇
总生成预算会计报表。底层数据类似于手工结账时期的科
目余额表、总分类账、明细分类账里的数据。从这个角度
看，预算模板制作的基本逻辑是先根据各预算责任单位填
报的底层数据汇总生成会计口径的数据，再将会计口径的
数据引流到预算会计报表中生成企业想要的结果。与月末

结账时财务软件生成会计报表的过程相比，生成预算会计报表仅省略了做会计分录。

用 Excel 制作预算模板有一个天然的优势，它可以化解预算数据频繁变动的难题。前文提到过企业编制预算很难一蹴而就，在预算编制过程中，各方的利益博弈会导致预算数据不断变化，反复调整，这会给企业的预算工作带来困难与不确定性，Excel 则可以解决这个问题。

在没有计算机办公的年代，财务人员无法借助 Excel 这样的信息化工具去编制预算。那怎么办，只能手工填表。在预算定稿前，预算报表都是由财务人员用铅笔填写的。当预算底层数据发生变化时，后面的预算引流数据、预算汇总数据都要因之而变。往往是一个数变了，财务人员就要把相应的与之关联的其他数据都用橡皮擦去，再用铅笔填改上新的数据。因为底层数据的变化会引起多处数据的关联变化，麻烦则不可避免地出现了，但凡一个预算数据发生变化，财务人员势必要修改多张预算表格。毫无疑问，财务人员用铅笔填写预算数据更便于修订。

应用 Excel 编制预算报表，可避免因数据变化导致的填表工作量的增加。Excel 公式链接能实现数据联动，表格中某个基础数据变动时，因公式链接或汇总计算形成的数据可同步变动，这意味着，财务人员在编制预算时只要在 Excel 预算模板中定义好公式链接，就无惧预算底层数据变动。仅此一项，预算编制的工作量至少能减少 70%。这是运用 Excel 编制预算的一个显著优势，也是财务人员利用计算机做财务工作的一个极大优势。

总体来说，财务人员在用 Excel 制作预算模板时，需要特别注意以下三点，如图 4-3 所示。

图 4-3　用 Excel 制作预算模板的注意事项

第一，表格的制作逻辑要清晰。例如，Excel 模板中每一张表格应该由谁填写、哪些地方不需要填写、哪些单元格可以由公式自动生成结果、哪些数据可以从别的单元格数据中引流过来，这些都要让人一眼看明白，方便填写分工。

第二，建立好公式链接，多使用公式与函数进行运算，以减少人工计算量。

第三，设置好表格间的数据引流。用 Excel 制作预算模板，须遵循一个原则：最底层的数据（原始数据）只填写一次，相关部门在填报预算时如果需要用到这个数据，可通过公式引流。

24. 如何设计销售收入预算模板

财务人员在设计预算模板时，先要搞清楚模块间预算填报的先后顺序，以及彼此间的依存关系。预算编制一般以销售收入预算为基础，即先填写销售收入预算，再根据销售收入预算确定生产预算，然后根据生产预算确定采购预算，这是比较常见的企业编制预算的先后顺序。

生产制造企业、商业企业的销售收入预算一般根据产品销量预算与价格预算生成。销售收入预算确定后，可以派生出其他模块的预算，如：

(1) 财务人员或销售部预算员可根据单位产品的标准成本、预算成本或产品销售成本率确定产品销售成本预算，或者根据产品的单位生产（采购）成本预算确定销售成本预算；

(2) 销售收入预算一经确定，增值税销项税的预算也就容易得出了，财务人员可根据增值税销项税预算和增值税进项税预算之差填列应交增值税及附加税的预算；

(3) 财务人员还可以根据销售收入预算确定新增应收账款预算，再根据新增应收账款预算与存量应收账款确定回款预算等。

上述这些都是以销售收入预算为源头所派生出的其他模块的预算，每一模块的预算，都可以在 Excel 中单独预设一个表页，财务人员在编制预算表时，如果需要用到某个表页中的数据，可以通过公式对相关数据进行引流。

销售收入预算模板该如何设计呢？以产品销售为例，我们在统计销售收入时，可以根据产品类别进行统计。例如，销售手机，可以先把手机分为经典手机、娱乐手机、商务手机，再统计每类手机每月的销售数量、销售价格，销售数量和销售价格相乘，即可算出每类手机的销售收入。相关示例如表 4-2 所示。

除了上述模板，还有其他设计思路，例如，按照销售区域来统计手机的销量与销售收入，如每个区域每月分别卖了多少台手机，销售收入是多少；再如，按照销售渠道进行统计，如地安门店卖了多少台、中关村店卖了多少台、万柳店卖了多少台，销售收入是多少……企业在编制销售收入预算时，应尽量分多个维度填报数据。

如果企业的管理涉及多个维度，如区域维度、产品线维度、客户群维度、销售渠道维度等，财务人员在编制预算时，最好让每个管理维度的预算员都填一下销售收入预算，这样做可以避免销售收入预算过多地受人为因素干扰。各管理维度的预算员分别填写完销售收入预算数据后，财务人员可以把几个维度的销售收入预算拿来对照，进行交叉验证。这样的做法，有利于保证销售收入预算填报的合理性。

表 4-2 销售收入预算模版设计示例

产品类别		预算项目	1月	2月	3月	4月	5月	6月	7月	8月	9月	10月	11月	12月	合计
经典手机	J510	销量													
		单价													
		增值税销项税													
		销售收入													
	J511	销量													
		单价													
		增值税销项税													
		销售收入													
	……	销量													
		单价													
		增值税销项税													
		销售收入													
娱乐手机	Y610	销量													
		单价													
		增值税销项税													
		销售收入													
	Y611	销量													
		单价													
		增值税销项税													
		销售收入													

（续表）

产品类别	预算项目		1月	2月	3月	4月	5月	6月	7月	8月	9月	10月	11月	12月	合计
娱乐手机	……	销量													
		单价													
		增值税销项税													
		销售收入													
	S710	销量													
		单价													
		增值税销项税													
		销售收入													
商务手机	S711	销量													
		单价													
		增值税销项税													
		销售收入													
	……	销量													
		单价													
		增值税销项税													
		销售收入													
增值税销项税汇总															
销售收入汇总															

实际上，财务人员在设计预算模板时，可以在模板中同时展示多个维度的销售收入预算。多维度展示可以有主次之分，即以产品为主、市场为辅，或者以市场为主、产品为辅。

以产品为主、市场为辅。这种设计模式下，企业可以先确定某产品（如 A 产品）的销售收入预算，然后将这个产品的销售收入预算分解到区域（如东区、南区等）。相关示例如表 4-3 所示。

以市场为主、产品为辅。这种设计模式下，企业可以先确定区域销售收入预算，如东区实现了多少销售收入，再将东区的销售收入按产品进行分解，A 产品卖了多少、B 产品卖了多少、C 产品卖了多少等。相关示例如表 4-4 所示。

如果是生产制造型企业，建议选用以产品为主、市场为辅的销售收入预算设计模板；如果是商贸型企业，建议选用以市场为主、产品为辅的销售收入预算设计模板。

表 4-3　多维度销售收入预算模板设计示例

（以产品为主、市场为辅）

产品分区域			1月	2月	3月	4月	5月	6月	7月	8月	9月	10月	11月	12月	合计
A产品	东区	销量													
		单价													
		增值税销项税													
		销售收入													
	南区	销量													
		单价													
		增值税销项税													
		销售收入													
	……	销量													
		单价													
		增值税销项税													
		销售收入													
B产品	东区	销量													
		单价													
		增值税销项税													
		销售收入													
	南区	销量													
		单价													

（续表）

产品分区域			1月	2月	3月	4月	5月	6月	7月	8月	9月	10月	11月	12月	合计
B产品	南区	增值税销项税													
		销售收入													
		销量													
		单价													
	……	增值税销项税													
		销售收入													
		销量													
		单价													
	东区	增值税销项税													
		销售收入													
		销量													
		单价													
C产品	南区	增值税销项税													
		销售收入													
		销量													
		单价													
	……	增值税销项税													
		销售收入													
		销量													
		单价													
增值税销项税汇总															
销售收入汇总															

表 4-4　多维度销售收入预算模板设计示例

（以市场为主、产品为辅）

区域	分产品		1月	2月	3月	4月	5月	6月	7月	8月	9月	10月	11月	12月	合计
东区	A产品	销量													
		单价													
		增值税销项税													
		销售收入													
	B产品	销量													
		单价													
		增值税销项税													
		销售收入													
	C产品	销量													
		单价													
		增值税销项税													
		销售收入													
南区	A产品	销量													
		单价													
		增值税销项税													
		销售收入													
	B产品	销量													
		单价													

（续表）

区域	分产品		1月	2月	3月	4月	5月	6月	7月	8月	9月	10月	11月	12月	合计
南区	B产品	增值税销项税													
		销售收入													
		销量													
		单价													
	C产品	增值税销项税													
		销售收入													
		销量													
		单价													
……	A产品	增值税销项税													
		销售收入													
		销量													
		单价													
	B产品	增值税销项税													
		销售收入													
		销量													
		单价													
	C产品	增值税销项税													
		销售收入													
增值税销项税汇总															
销售收入汇总															

25. 如何设计费用预算模板

　　财务人员在设计费用预算模板时，需要细分费用科目，细分后的费用科目主要分为四类：人工薪酬类费用、摊销折旧类费用、专项类费用、日常办公类费用。这四类费用预算的填报，需要讲究一些方法，并不是每一类费用科目的预算都需要由预算责任单位的预算员去填写，具体情况分为以下三种。

　　第一种，由各预算责任单位预算员填写的费用预算，包括交通费、差旅费、业务招待费等日常办公类费用预算。

　　第二种，需要各预算责任单位提出预算需求，然后由相关责任部门预算员填写的费用预算，包括培训费、办公费等专项类费用预算。

　　第三种，统一由某个责任部门填写的费用预算，如人工成本预算，就是由人力资源部统一填写的；再如折旧费、无形资产摊销、长期待摊费用分摊等预算，由财务部负责编写。

下面以销售部的部门费用预算为例，详细说明该类预算该如何填报。具体如表 4-5 所示。

表 4-5　销售部的部门费用预算表示例

销售部		1 月	2 月	……	11 月	12 月	合计
人工薪酬	工资						
	社保						
	公积金						
摊折费用	固定资产折旧						
	无形资产摊销						
	长期待摊						
	水电气暖分摊						
专项费用	培训费			厘清表格填写的分工			
	团队建设费						
	办公费						
日常费用	交通费						
	通信费						
	差旅费						
	招待费						
	快递费						
	其他						
费用汇总							

人工薪酬类费用预算，包括工资、社保、公积金等项目的预算，它们不需要销售部填报（销售提成除外），由人

力资源部统一负责填报即可。人力资源部的预算员会填报整个企业分部门的人工薪酬预算表，财务部可以从中将相应数据引流到销售部的部门费用预算表中。再次提醒，财务人员在设计预算模板时，需要预先把公式链接好。

摊折费用预算，包括固定资产折旧、无形资产摊销、长期待摊、水电气暖分摊等费用项目的预算。这类费用预算不需要销售部填报，由财务部统一负责填报即可。以填报固定资产折旧费预算为例，财务部需要先编制整个企业的固定资产预算，包括固定资产采购预算、固定资产处置与报废预算，然后汇总各预算责任单位每月在用的固定资产明细预算，再据此按照企业的固定资产折旧制度，填报固定资产折旧费预算。财务人员可以从固定资产折旧费预算表中引流提取销售部占用的固定资产折旧费预算。无形资产摊销费预算、长期待摊费用摊销费预算、水电气暖分摊费预算的填报方法与之类似。

固定资产折旧费预算是根据固定资产原值预算填报的，固定资产原值预算在前，折旧费预算在后（见图4-4）。固定资产原值预算又需根据存量固定资产与新增固定资产预算、处置与报废固定资产预算计算得出：固定资产原值预算＝预算期初存量固定资产原值＋预算期内新增固定资产原值－预算期内处置与报废的固定资产原值。其中，新增固定资产预算属于企业投资预算的范畴。

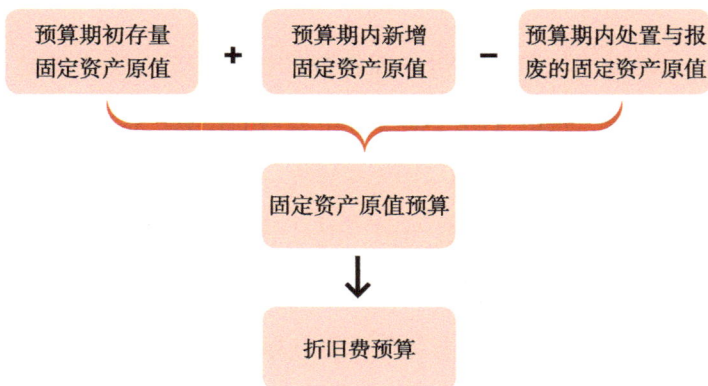

图 4-4 固定资产折旧费预算的步骤

固定资产原值预算做出后，财务部再据此编制折旧费预算，预算期内当期新增的固定资产于下月确定折旧费预算，当期处置与报废的固定资产当月仍要确定折旧费预算，折旧费预算的确认依据与做会计核算时计提折旧费的依据一致。

有个细节需要说明，财务人员在编制固定资产原值预算时，要把每项固定资产的使用部门、原值、获取时间、处置与报废时间、折旧时限、残值率、月折旧率填报清楚

（示例见表 4-6）。列明这些信息，目的是方便编制折旧费预算，也方便将折旧费预算归集到期间费用预算或生产成本预算中。

表 4-6　固定资产原值预算填报示例

固定资产名称	使用部门	原值（元）	获取时间	处置与报废时间	折旧时限（月）	残值率	月折旧率
笔记本电脑 A120	行政部	8 000	2024 年 1 月		36	5%	2.78%
高档小轿车	总裁办	1 200 000	2020 年 1 月		120	5%	0.83%
降压设备 B5 型号	制造部	3 000 000	2017 年 4 月	2025 年 3 月	96	5%	1.04%
……							

再就是，企业预算专员在设计固定资产折旧费预算表时，要注意区分固定资产的占有部门。固定资产折旧费预算一般是根据固定资产原值预算表用公式引流和计算得出的，同时需要按责任主体把折旧费分别引流到各预算责任单位的部门费用预算表中。

表 4-7 是销售部门的固定资产折旧费预算表示例，可供参考。

表 4-7 固定资产折旧费预算表示例

部门：销售部		1月	2月	3月	4月	5月	6月	7月	8月	9月	10月	11月	12月	合计
固定资产类别														
原有固定资产	办公家具													
	电子设备													
	运输车辆													
	机器设备													
	办公建筑													
	其他固定资产													
新增固定资产	办公家具													
	电子设备													
	运输车辆													
	机器设备													
	办公建筑													
	其他固定资产													
减少固定资产	办公家具													
	电子设备													
	运输车辆													
	机器设备													
	办公建筑													
	其他固定资产													

（续表）

部门：销售部	固定资产类别		1月	2月	3月	4月	5月	6月	7月	8月	9月	10月	11月	12月	合计
	办公家具	原值													
		残值率													
		月折旧率													
		折旧额													
	电子设备	原值													
		残值率													
		月折旧率													
		折旧额													
	……	原值													
		残值率													
		月折旧率													
		折旧额													
	其他固定资产	原值													
		残值率													
		月折旧率													
		折旧额													
当月需计提折旧的固定资产原值汇总															
固定资产折旧费预算合计															

专项费用预算，包括培训费预算、团队建设费预算、办公费预算等项目。培训费预算一般是由企业人力资源部统一负责填报的，在填报之前，人力资源部预算员需要统计企业各预算责任单位下一年度的培训需求，销售部需要向人力资源部提交自己部门的培训需求。待人力资源部预算员统一填报企业各预算责任单位的培训费预算后，财务部预算专员再将销售部的培训费预算引流到该部门的费用预算表中。团队建设费预算也可以由人力资源部统一负责填报，办公费预算可由行政部统一负责填报，后续操作同前。

日常费用预算，这是真正需要由销售部预算员填写的部门费用预算，包括交通费预算、通信费预算、差旅费预算、招待费预算、快递费预算等。这些明细费用的预算，由销售部依据相关预算原则与预算假设自行确定。

公式引流也好，自行填报也好，上述四大类明细费用预算收集齐全后，销售部完整的费用预算就形成了。

26. 费用预算的汇总与归集

　　各预算责任单位将费用预算做出来后，财务部预算专员需要做相应的费用归集，即将各预算责任单位的费用引流到预算会计报表相应的位置上。例如，行政部、人力资源部、财务部、投资管理部的费用预算，最终要进到预算利润表的管理费用中去（见图4-5），销售部的费用预算要进到销售费用中去，研发部的费用预算要进到研发费用中去，生产制造部的费用预算要进到制造费用中去。

图 4-5　费用预算的归集

对费用预算进行归集，涉及数据"转码"的问题。例如，人工成本与折旧费用，由于预算责任单位部门的属性不同，最终对应的费用科目是不同的，它们可以归集为销售费用、管理费用，也可以归集为研发支出、生产成本或制造费用（见图 4-6）。这一环节，可以在 Excel 预算表格中通过相应设置，自动完成"转码"。

◆ 把业务数据转码为财务数据

——人工成本
——折旧费用
}
销售费用、管理费用
研发支出
生产成本或制造费用

◆ 把财务数据整合进预算会计报表

图 4-6　费用预算数据转码与归集

费用预算归集到最后都应该有个流向，流入其应该存在的地方，即记入预算会计报表。各个部门的费用预算，在绝大多数情况下，都要转码并归集到预算利润表中。但也有例外，如生产制造部门的费用，就要归集为生产成本，记入预算资产负债表的存货中。

27. 预算模板与会计核算如何结合

　　企业在编制预算时，经常会遇到一种尴尬的情况，即通过预算模板编制的预算，最后归入预算资产负债表后，该表会不平衡。其主要原因在于，财务人员在设计预算模板时，会计核算思路不够清晰，缺乏做会计分录的职业敏感，在 Excel 预算模板间链接公式时，会不自觉地漏算某些预算科目，因此导致预算资产负债表不平衡。

　　设计预算模板这项工作，我建议交给熟悉会计核算的财务人员去做。原因在于，在设计预算模板时，熟悉会计核算的财务人员脑海里会有会计分录的闪现，潜意识中会把预算数据间的勾稽关系用会计分录串联起来。唯其如此，预算模板设计出来后，才不至于挂一漏万。

　　举个例子来说明：

　　　　某企业在编制 2025 年的年度预算时，拟在 4 月增加一笔销售收入预算，那么，除主营业务收入的数据变动外，还有哪些预算科目的数据会同步变动呢？如果财务人员没有根深蒂固的会计核算思维，可能会掰着手指头去算增加收入将影响哪些科目，这时难免漏算某些关联科目。但若从会计核算角度着眼，就很容易厘清所有的关联科目。企业增加销售收入时的会计处理如下。

（1）签订销售合同涉及印花税，确认印花税的会计分录为：

借：税金及附加——印花税

　　贷：应交税费

（2）确认收入时：

借：应收账款

　　贷：主营业务收入

　　　　应交税费——应交增值税——销项税

（3）结转成本时：

借：主营业务成本

　　贷：存货——库存商品

（4）假设应收账款3个月后收回，收款时的会计分录为：

借：银行存款

　　贷：应收账款

到了5月，企业需要缴纳印花税，且增值税

销项税增加了，增值税销项税减进项税的差额变大，企业需要缴纳的增值税就会增加，同时税金及附加也会因之多交。企业多交税了，必然还涉及银行存款的减少。

在这样的会计核算思维下设计预算模板，一方面有利于理顺预算数据之间的关联，另一方面预算逻辑也会非常清晰。

28. 预算模板设计应该方便谁

预算模板设计通常有两种倾向：

倾向一，方便财务人员阅读与理解，同时方便财务人员取数；

倾向二，方便业务人员理解与填报。

上述两种倾向，可以说各有优点，也各有不足。财务部预算专员在设计预算模板时，应该如何做呢？

倾向一是基于财务人员本位主义的立场去设计预算模板，即遵循会计报表分解模式，从预算报表结果出发，一层层往前推导，这样设计出来的预算表格更便于财务人员使用。倾向二则不同，它是基于业务人员的视角来设计预算模板的，业务人员可以根据既往的工作习惯填报预算数据。依此设计的预算模板，虽然方便了业务人员填报预算数据，但却给财务人员带来了麻烦，财务人员需要对预算数据进行二次加工，然后才能将数据引流到相关预算表中。

以企业研发费用预算为例，下面通过两张表格为大家详细讲解这两种倾向下预算模板设计的不同。

我们先来看依倾向一设计出来的研发费用预算表（见表 4-8）。该预算表的表头纵向体现的是研发费用的明细科目，横向体现的是研发费用的上年实际数、本年预算数及预算月份。研发费用明细科目包括修理费、水电费、办公费、会议费、差旅费等，这些明细费用科目的预算须按月填报，这样填报出来的研发费用预算更便于预算利润表引流。

表 4-8 研发费用预算表（1）

公司研发费用预算表

年度			第1季度				第2季度			
项目	上年实际数	本年预算数	1月	2月	3月	合计	4月	5月	6月	合计
一、可控部分										
修理费										
（1）大修理费										
（2）零修费										
材料消耗										
低值易耗品消耗										
水电费										
办公费										
会议费										
差旅费										
通勤费										

（续表）

年度_____

公司研发费用预算表

项目	上年实际数	本年预算数	第 1 季度				第 2 季度			
			1 月	2 月	3 月	合计	4 月	5 月	6 月	合计
服务费										
电话费										
运输及车辆费										
可控部分小计										
二、不可控部分										
工资及奖金										
职工福利费										

设计出这样的预算表格，财务人员使用起来或许相当满意，但管研发的项目人员在填写时，理解上可能会有一些困难。站在研发项目负责人的角度，其对研发预算是这样理解的：做这个项目需要投入多少人工时，需要购买多少材料、设备，需要发生多少费用及其他支出等。这样的研发费用预算才是研发项目人员所关注的。一些企业申请研发预算资金支持时，研发项目负责人就是按表 4-9 来填报研发预算的。

表 4-9 研发费用预算表（Ⅱ）

研发项目名称	项目负责人	持续时间	投入预算					
			人力预算	材料消耗	设备预算	费用预算	其他	合计投入
项目 1								
项目 2								
项目 3								
……								

显然，这种填报方式并不便于财务人员进行研发费用预算的汇总与数据引流，预算数据不能直接归入研发费用科目。以研发材料采购预算为例，企业采购材料需要先将采购成本支出记入存货科目，材料领用后才会转化为研发

费用。设备采购预算也是如此，企业采购研发设备，发生的支出要记入固定资产，只有设备的折旧费才记入研发费用。

不同倾向下设计预算模板的区别具体如图 4-7 所示。

倾向一	倾向二
• 采用报表分解模式 • 按照报表项目层层分解 • 结合成本利润 • 与企业工作计划在数据上分离 • 做预算不可或缺 • 很系统、很完整 • 不同企业间可以相互借用	• 贴近业务，设计的预算表与业务紧密结合 • 贴近管理，设计的预算表有助于管理者做出判断和思考 • 不是预算必备表 • 系统完整性差——完全根据业务需要设计 • 企业间相互借鉴性差

图 4-7　不同倾向下设计预算模板的区别

那么，企业在设计预算模板时，到底是优先方便财务还是业务呢？我个人给出的建议是：预算模板的设计要尽量方便业务，因为财务要为业务服务，但也不能太委屈了财务；在设计预算模板时，可以搭一个桥，多在 Excel 中设计数据转化表页过渡，让业务数据自动转化为会计核算口径的数据。以设备采购为例，企业可以多设计一张研发固定资产预算辅助表，研发项目负责人在填报设备采购预算时，把新增设备的采购时间填上，据此再出具折旧预算表，然后把折旧费预算数引流到研发费用预算表中。因为有数据转化表页过渡，研发设备折旧费可自动生成，财务人员无须手工填列。这样的预算模板，业务人员用起来方便，财务人员用起来也方便。

29. 充分考虑数据维度

财务人员在设计预算模板时，一定要考虑细分数据的维度。关于这个问题，前文有所提及，这里再作详细说明。"维度"本身是个数学用语，它代表独立参数的数目，而非独立的数据。下面主要针对时间维度与责任维度进行说明。

（1）时间维度

企业编制预算，最起码要做到1月到12月的细分数据完整。如果时间维度不够明细化，如预算模板中只要求填四个季度的季度汇总数据，日后做预算执行情况分析时会比较麻烦。例如，1月的实际数据出来后，财务人员想拿实际数与预算数做比较，在只统计季度预算数据的情况下，该怎么进行比较呢？

当数据的颗粒度较细时，细颗粒度的数据汇总后可以生成大颗粒度的数据；但当数据颗粒度较粗时，却不易拆解为细颗粒度的数据。预算的月度数据有了，形成季度数据很容易，将1月、2月、3月的数据加起来即可得出第1季度的数据。数据颗粒度细，不仅有利于企业进行预算控制，也有利于企业将来做财务分析和绩效考核。

这里要注意一个问题，如果预算数据的颗粒度要求过细，难免会增加预算编制的难度及工作量。因此，在数据维度细化问题上，需要有一个综合考量，财务人员在设计预算模板时，数据颗粒度需要填得多细，主要看企业管理的维度有多细，预算数据的颗粒度最好根据企业管理维度同步细化。

（2）责任维度

以销售收入为例，一笔销售收入，对应的责任维度包括产品线、客户群、区域、子公司、合同等。企业编制销售收入预算，如果能把销售收入细分到多个维度，后期在做销售收入分析时，更便于进行数据差异比较。

30. 预算会计报表的生成

以预算利润表为例，这个表一般不用财务部预算专员特意填写，表中的数据均可通过数据引流呈现。例如，预算利润表中的营业收入，就是根据销售收入预算引流过去的（不存在其他业务收入的情况下）；营业成本是根据销售成本预算引流过去的（不存在其他业务支出的情况下）；税金及附加是根据税金及附加预算引流过去的；销售费用是根据销售部填报的费用预算引流过去的；管理费用是根据财务部、人力资源部、行政部等行政平台部门的费用预算汇总数引流过去的；财务费用是根据财务部填报的财务费用预算引流过去的；营业外收入、营业外支出是根据相应责任部门填报的预算数据引流过去的。具体如图4-8所示。

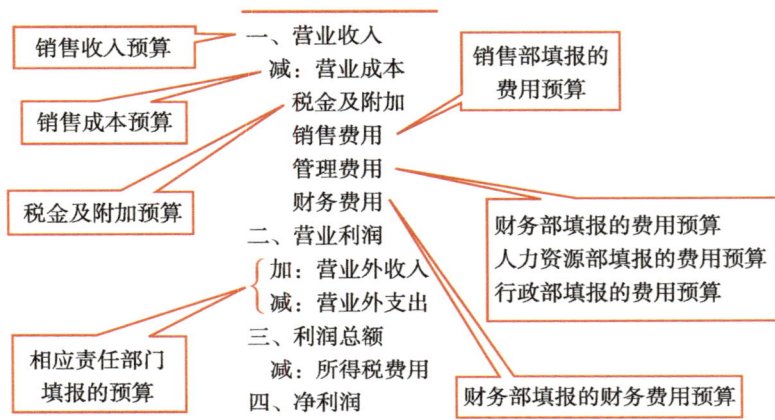

图 4-8　预算数据引流

最后预算模板根据设定好的 Excel 公式自动算出营业利润、利润总额、所得税费用及净利润。这样一来，预算利润表就生成了。

补充说明，关于预算模板设计，我建议预算科目和会计科目保持完全一致，不仅科目名称一致，核算的内容也要一致。华为公司在预算管理上就有一个基本的要求，预核算规则一致。预核算无缝对接，有几点好处：

第一，便于未来做绩效考核，数据归属清晰后，数据好对比，做好做坏，结果一目了然；

第二，便于提取历史数据，方便做财务分析；

第三，有利于厘清责权归属，核算支出的审批权归谁，预算支出的控制权就归谁。

会计报表是企业财务人员的重要工作成果。这个成果可用于诸多外部用途，但在企业的内部管理实践中，它的作用很有限。为什么这么说呢？原因主要有以下两方面。

一方面，企业的管理是内部多个经营责任单位管理的集合。企业内部各经营责任单位的负责人各司其职、各管一摊，他们往往只关心自己那一亩三分地的经营状况，而会计报表反映的是企业整体的经营情况。如果会计报表不能展示各经营责任单位的经营数据，企业内部各经营责任单位的负责人对会计报表势必不感兴趣，因为这样的会计报表无助于他们的管理。

基于此，会计报表需要改进，会计核算主体需要细化。财务人员不仅要出具企业整体层面的会计报表，还要想方设法出具企业内部各经营责任单位的细分会计报表，这样的报表我们可以将之界定为"管理会计报表"。

　　另一方面，财务人员出具的会计报表是基于事后的。经营事项已经发生了，收入成本数据已经客观存在，财务人员据此做出的会计报表不过是历史数据的陈列。这就好比开车，司机不能总看后视镜。企业经营是面向未来的，对管理者而言，他们更希望研判尚未发生的事项。

　　财务人员能否对尚未发生的事项做出预判呢？可以。这就需要财务人员出具面向未来的预算报表。

　　财务工作的成果展示如想有所突破，财务人员须革新自己的报表意识。首先，财务人员需要基于企业的管理维度出具细化的管理会计报表；其次，财务人员需要放眼未来，出具预算会计报表。管理会计报表、预算会计报表，再结合常规的会计报表，三者构成了企业完整的会计报表体系。

31. 如何下发预算模板

　　预算模板设计完成后，财务部需要将预算模板下发到各预算责任单位，这件事看似简单，其实也有一些讲究。

（1）不要把整套模板表格打包群发出去。一整套的预算模板包含的表格可能有三四十张，甚至上百张，就这样打包群发出去，财务人员倒是省事了，各预算责任单位却会犯难，自己究竟该填哪些表呢？财务人员要有服务意识，不妨把预算模板拆解开，根据各预算责任单位需填写的项目分别发送预算表，即各预算责任单位需要填几张表就发几张。这样做，既有利于各预算责任单位提高预算工作效率，也有利于财务部对企业的整体预算工作进行保密。

（2）要锁定表页格式，做到模板固化。

（3）要配套下发预算填报说明，让各预算责任单位清楚地知道填报依据是什么、预算假设有哪些等。

（4）一个原始数据只能有一个源头，即对于最底层的预算数据，只让一个预算责任单位填报。这样要求，可保证每个数据的来源具有唯一性，也可实现原始数据一旦发生变动，Excel其他单元格与之相关的数据同步变动。

05

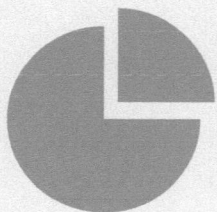

第 5 章

经营预算的编制与汇总

　　经营预算与资金预算是企业预算编制的两个重要方面，本章主要介绍经营预算的编制与汇总。在企业财务管理实践中，经营预算是关联财务分析、绩效考核的纽带。企业编制经营预算的核心成果是销售收入预算、（净）利润预算，而这两项预算的汇总数又往往是企业绩效考核的 KPI。企业编制经营预算，需要各预算责任单位共同作业。企业只有充分调动各预算责任单位的积极性，编制出接地气且富有挑战性的收入预算、成本费用预算，方能汇总生成务实的经营预算。从这个角度看，企业编制经营预算的理念与预算管理需全员参与的理念是一致的。

32. 预算的起点是什么

　　预算的起点是什么？普遍的观点是销售。的确，财务管理教科书上就是这样写的。我们先来说一说以销售为起点编制预算的优缺点。优点很明显：第一，以销定产，避免出现存货积压；第二，量入为出，合理安排资金使用。

这么做也存在缺点：第一，如果销售收入预算不均衡，会造成生产预算不均衡，不利于降低生产成本；第二，容易导致产品过度开发，过度营销，资源过度向销售部门倾斜。

一般而言，以销售为起点编制预算适用于处于成长期或有稳定市场需求的企业。但我们要知道，企业实际的发展阶段并不全然这么理想，如有的企业还没有做出可面市销售的产品，或产品在市场上缺乏竞争力；有的企业已处于衰退阶段等。处于类似发展阶段的企业，销售就不是或不再是企业经营管理的重点，这样的企业预算编制的起点自然应发生变化。具体情形如下所述。

（1）创业型企业预算编制的起点：资金

对于大多数创业型企业而言，困扰其发展的主要因素是资金。如何在资金告罄之前把产品做出来，把市场打开，是创业型企业生存与发展的关键。处于这个阶段的企业编制预算，重中之重是要合理安排资金，而非将销售收入预算、生产预算作为工作重点。企业合理安排资金的目的是确保研发能进行得下去，员工工资能发得出来，企业能撑得下去。

对于已经做出了产品，却尚未打开市场的创业型企业而言，砸钱做市场推广可能是必不可少的市场拓展路径，网约车破局、共享单车血拼等都是典型的"跑马圈地"竞争案例。市场推广究竟需要砸多少钱，取决于两个方面：第一，预期的市场占有率是否已达到；第二，企业能融到多少资金。

资金，是创业型企业的痛点。创业型企业在编制预算时，应基于这个痛点展开。简单来说，就是企业能找到多少钱，就办多少事。

（2）蓝海市场企业预算编制的起点：生产

以生产为起点编制预算，本质是贯彻以产定销的经营理念，企业开足马力生产，饱和生产。这样做的优点很明显：第一，有利于实现产能最大化，降低单位产品成本，进而获得市场竞争优势；第二，原材料采购可以做到规模化，这有利于提升企业的议价能力，从而降低采购成本。

以生产为起点编制预算的不足也很明显：一旦市场出现不利变化，极易酿成产品积压与原材料积压。

企业处于完全竞争市场时，不适宜以生产为起点编制预算。如果企业的产品特别新潮，附加值较高，或者企业处于蓝海市场，产品不愁销路，则不妨尝试以生产为起点编制预算。

（3）垄断型企业预算编制的起点：利润

"逐步将××产品的价格调整至不低于成本水平"，看到这样的宣传标题，你的感觉是什么呢？是不是会感慨宣传方的文字表达能力很强，涨价都能说得这么含蓄。

垄断型企业属于特殊类型的企业，这类企业的产品定价主要由企业经营者主导。由于这类企业的产品市场需求相对固定，销售规模也较为固定，因此其预算编制的重心应该是成本费用预算。

成本费用的发生具有刚性，压缩它们的可能性不大，压缩空间也不大，相反，其增长的"诱惑"却很多。因无须承担应对市场竞争的压力，垄断型企业较难形成降本意识，企业利润往往会被不断增长的成本费用一步步蚕食。垄断型企业同样需要追逐利润，至少不能亏损，这样一来，垄断型企业可以先确认目标利润的大小，然后再倒推收入与产品定价。

透过上述分析可以看出，垄断型企业预算编制的起点是利润。这一预算模式的本质是落实成本加成定价，这么做的弊端在于，不利于调动企业的积极性挖潜，不利于企业凝聚意志降本增效。

（4）衰退期企业预算编制的起点：回款

如果企业开始走下坡路了，又没有转型的计划，必然会坐吃山空。这种情形下，企业内部可能很少有人会关心销售、生产与利润预算，企业也难以从外部融资，维系企业运转只能依靠资产变现，首要是清收应收款项变现，然后是处置资产变现。

处于衰退期的企业编制预算，预算起点应是回款，企业应力求在尽可能短的时间内实现资产变现。企业后续的运营、清理、激励都需要依靠这些回款，等到企业的资产变现基本完成时，企业差不多就要"关门"了。

33. 如何确定收入与利润预算目标

编制预算，需坚持自上而下与自下而上相结合。企业召开经营规划会与预算启动会，把预算工作布置下去，这是自上而下的过程。各预算责任单位把预算报上来，这是自下而上的过程。财务部预算专员汇总预算后，报送总经理审核，总经理提出修订要求，这又是自上而下的过程。自上而下与自下而上相结合，目的是保证预算编制过程中能实现有效沟通、上下达成一致。

企业编制年度预算，应该以自上而下为主，还是以自下而上为主呢？财务管理教科书中给出的答案是以自下而上为主。因为预算最终要由下级来执行，下级最了解自己的实际情况，所以上级应该多倾听下级的意见。

企业编制年度预算时有一项非常重要的工作，就是确定销售收入与净利润预算目标，做这项工作能充分体现出上下级之间的互动。有人编过这样一副对联来形容上下级之间就确定预算目标所进行的讨价还价：

从上到下，层层加码，马到成功；

从下到上，层层缩水，水到渠成。

（1）自上而下为主与自下而上为主的特点

多数企业的预算编制都是以自下而上为主，上级以为下级最了解自己的情况，据实填报可以让预算更务实、更接地气。但实务中，有些下级未必会据实填报，因为下级对自己的评估与上级对下级的期望未必一致。企业做预算时到底应该坚持以自上而下为主，还是以自下而上为主，这是有讲究的。

所谓以自上而下为主编制预算，是指上级把考核意图强势地传给下级，上级负责确定下级单位的预算目标数据，并把这些目标数据"压"给下级。这种预算模式下，下级单位承接的预算目标会较为"严苛"。

所谓以自下而上为主编制预算，是指在编制预算的过程中，上级相对更尊重下级单位的自主性，由下级单位自行确定自己的预算目标，上级在此基础上对下级单位的预算目标进行修正和调整（大概率会增加完成目标的难度），然后将修正和调整后的预算目标作为下级单位的预算考核目标。这种预算模式下，下级单位承接的预算目标相对"温和"。

一般来说，自上而下编制预算，有一个预算加码的过程。例如，上级要求下级下一年度完成 10 亿元的销售收入，实现 2 亿元的净利润。下级接到这个预算目标后，在给底层预算责任单位分解预算目标时，会给底层预算责任单位加码，底层预算责任单位承接的目标将是下一年度完成 12 亿元的销售收入，实现 3 亿元的净利润。这就是预算"层层加码"的过程。

反过来看，以自下而上为主编制预算，有着先天不足——各预算责任单位会基于自身利益考量，在编制预算时趋于保守。例如，某预算责任单位预计下一年度可完成 12 亿元的销售收入，实现 3 亿元净利润，其在编制预算并向上汇报时，会表示可完成 10 亿元的销售收入，实现 2 亿元净利润。这就是预算"层层缩水"的过程。另外，为避免预算被加码，各预算责任单位在上报预算时可能会有意打埋伏，给自身留出更多的空间和余地，以降低自身考核压力，具体的做法是调低产出值（压低销售收入、净利润和回款），调高支出值（增加费用、采购等支出）。

（2）优缺点分析

自上而下为主与自下而上为主编制预算各有优缺点。

自上而下为主编制预算，企业在编制预算前，董事会或经营层一般要先把主要财务产出类指标（如销售收入、净利润、回款）的目标值确定下来。例如，编制 2025 年的年度预算，先要把 2025 年的销售收入目标、净利润目标、回款目标确定下来。其中，最主要的是先把销售收入和净利润目标确定下来。销售收入目标确定后，回款目标也就好确定了。销售收入目标和净利润目标确定后，成本费用的总预算额度自然可推算出来。上级会把销售收入目标、净利润目标、回款目标任务下发给下级单位，下级单位拿到目标任务后再做分解，编制明细预算。

自下而上为主编制预算，收入与利润目标都是由下级单位自行提出的，等到考核时，下级单位负责人不好找理由敷衍。但这样做也有不足，就是前文所讲的，下级单位为减轻自身考核压力，上报收入与利润目标时会"缩水"，不会实打实申报。

自上而下为主编制预算的优点正好可以弥补自下而上为主编制预算的缺陷。但这样做值得忧虑的是，如果上级对下级的情况不甚了解，上级定下的目标可能会脱离实际。将来考核时，下级无论怎么努力都完不成目标，这时下级会认为上级领导不了解下情，胡乱拍数、胡乱管理，上级的威信会因之受损。

总体来说，自上而下为主编制预算效率高，上级说了算，可以避免反反复复地"讨价还价"；自下而上为主编制预算可能更务实，可执行性更强。对一般企业而言，规模比较小时，经营者对企业各项业务非常了解，更适合自上而下为主编制预算；等到企业规模做大，分支机构较多时，以自下而上为主编制预算可能更合适，当预算达成共识后，财务部预算专员再对预算进行分解，由各预算责任单位去执行。

　　预算分解下达的过程大多有一定的仪式感，例如，企业会要求预算责任单位签署目标责任书等。目标责任书一经签订，各预算责任单位就要据此执行，企业再根据目标达成情况兑现奖惩。如此执行，可以维护预算工作的严肃性。

34. 如何编制生产制造型企业的成本预算

　　编制成本预算，相对来说要复杂一些。大家对成本有多种理解，例如，成本可以被理解为制造阶段的生产成本、完工产品的库存成本，还可以被理解为实现了销售之后的销售成本。生产成本、库存成本都反映在资产负债表中，销售成本则反映在利润表中。事实上，成本核算也是会计核算难度最高的一部分，而成本预算编制的逻辑与成本核算的逻辑是一致的，难度自然也比较大。

　　生产制造型企业的成本核算是会计核算中相对复杂的

内容。财务人员在做账时，生产成本核算可以依据一定的方法进行，常见的核算方法有实际成本法、标准成本法、作业成本法等。

按实际成本法核算生产成本是较为原始的方式。它是依据生产成本的发生数，按一定的规则（主要是工时数）将总生产成本分摊至每种产品中。这种核算方法下，工作量较大，为了简化会计核算，企业可以采用标准成本法进行生产成本核算，产品成本按标准成本记账，实际成本与标准成本总额之间的差额可计入当期损益。作业成本法的核算理念相对更科学，它与实际成本法最主要的差别在于成本的分摊依据更细化，它根据作业动因选择成本分摊依据。

在生产制造型企业的产销过程中，企业先有采购，再有生产，最后是销售，会计核算是按照这个顺序来做的。但在做预算时，顺序要倒过来，先编制销售收入预算，再根据销售收入预算倒推生产预算，最后根据生产预算倒推采购预算。大多数情况下，成本预算是依据以销定产的原则做出来的。企业要想做好成本预算，必须先把销售收入预算做好。企业应先分月、分产品做销量预算，再由生产制造部门结合产品库存预算做产量预算，然后由采购部门结合产品的 BOM（bill of material，物料清单）与原材料库存预算做原材料采购预算。

以产品生产为例，企业在做生产成本预算时，需要逐月、逐个产品做成本预算，包括直接材料成本预算、直接人工成本预算、制造费用分摊预算。下面以实际成本法为例来详细阐述产品成本预算的编制方法。

在编制生产成本预算时，企业需要把生产成本拆解为直接材料成本、直接人工成本、制造费用分摊成本三部分。财务人员要想测算每一种产品的单位预算成本，最基本的思路是，先把每一种产品的单位直接材料成本、单位直接人工成本、单位制造费用分摊成本算出来，三者相加后即可得出产品的单位预算成本。

单位产品直接材料成本预算一般基于标准成本法编制，单位产品直接人工成本预算与单位产品制造费用分摊预算一般基于实际成本法编制。

单位产品直接材料成本预算。该预算可以根据产品BOM（包括单位产品生产时需要用到的原材料品类与数量）及材料单价确定。BOM 是做好单位产品直接材料成本预算的基础，其内容必须清晰、明确。具体如表 5-1所示。

表 5-1　单位产品直接材料成本预算表

单位：元

产品	标准用量①	每单位标准价格②	标准成本预算③＝①×②
材料 A			
材料 B			
材料 C			
材料 D			
材料 E			
材料 F			
材料 G			
合计			

实务中，很多企业因产品品类多、型号多，并没有制定产品的 BOM。无疑，这会加剧产品成本预算的难度，此种情况下，财务人员可能要采取替代方法来编制单位产品直接材料成本预算。例如，财务人员可以根据上年度每类产品的销售成本率及其材料成本占产品总成本的比率确

定每类产品的材料成本率，再用这一比率乘以每类产品的销售收入预算额，即可确定该产品的材料成本预算，进而结合产量预算计算出单位产品直接材料成本预算。计算公式如下：

产品材料成本率 = 产品销售成本率 × 材料成本占产品总成本的比率

产品材料成本预算 = 产品材料成本率 × 产品销售收入预算额

单位产品直接材料成本预算 = 产品材料成本预算 ÷ 产品产量预算

单位产品直接人工成本预算。人力资源部须先提供生产制造部门的人工成本（包括工资、奖金、公积金、社保、福利费、工会经费等）预算，再由生产制造部门做好产品生产工时总预算与每类产品的生产工时预算，然后计算得出单位产品直接人工成本预算。计算公式如下：

单位工时的人工成本预算 = 生产制造部门的人工成本预算 ÷

生产工时总预算

每类产品的总人工成本预算 = 单位工时的人工成本预算 ×

每类产品的生产工时预算

单位产品直接人工成本预算 = 每类产品的总人工成本预算 ÷

每类产品的产量预算

表 5-2 为某企业单位产品直接人工成本预算示例，可供参考。

表 5-2　某企业单位产品直接人工成本预算示例

金额单位：元

生产制造部	1月	2月	3月	……	11月	12月	合计
人员工资	80 000	80 000	80 000	80 000	80 000	80 000	960 000
五险一金	32 000	32 000	32 000	32 000	32 000	32 000	384 000
员工福利	8 000	8 000	8 000	8 000	8 000	8 000	96 000
合计	120 000	120 000	120 000	120 000	120 000	120 000	1 440 000

工时统计	1月	2月	3月	……	11月	12月	合计
A产品	1 000	1 000	1 000	1 000	1 000	1 000	12 000
B产品	1 500	1 500	1 500	1 500	1 500	1 500	18 000
C产品	1 200	1 200	1 200	1 200	1 200	1 200	14 400
工时汇总	3 700	3 700	3 700	3 700	3 700	3 700	44 400
小时人工成本	32.43	32.43	32.43	32.43	32.43	32.43	

人工成本分摊	1月	2月	3月	……	11月	12月	合计
A产品	32 432.43	32 432.43	32 432.43	32 432.43	32 432.43	32 432.43	389 189.19
B产品	48 648.65	48 648.65	48 648.65	48 648.65	48 648.65	48 648.65	583 783.78
C产品	38 918.92	38 918.92	38 918.92	38 918.92	38 918.92	38 918.92	467 027.03
合计	120 000.00	120 000.00	120 000.00	120 000.00	120 000.00	120 000.00	1 440 000.00

产量统计（单位：件）	1月	2月	3月	……	11月	12月	合计
A产品	100	100	100	100	100	100	1 200
B产品	200	200	200	200	200	200	2 400
C产品	240	240	240	240	240	240	2 880

单位人工成本	1月	2月	3月	……	11月	12月	合计
A产品	324.32	324.32	324.32	324.32	324.32	324.32	
B产品	243.24	243.24	243.24	243.24	243.24	243.24	
C产品	162.16	162.16	162.16	162.16	162.16	162.16	

　　单位产品制造费用分摊预算。该预算也涉及将制造费用分摊到具体产品与单一产品上的问题，分摊的原理和单位产品人工成本预算分摊的原理类似。生产制造部门先把整体的制造费用做出来，包括日常费用预算、耗能预算、摊销折旧费预算等，再按照总工时数和每类产品生产工时数，把制造费用分摊到每类产品上，然后根据每类产品的产量预算数，把每类产品的制造费用分摊到单一产品的制造费用上。

　　总体来看，生产制造型企业单位产品成本预算的计算公式如下：

单位产品成本预算 = 单位产品直接材料成本预算 + 单位产品直接人工成本预算 + 单位产品制造费用分摊预算

　　这个计算方法跟会计核算里做产品成本核算的方法是一致的，即产品的单位成本预算做出来后，用单位成本预算乘以完工产品数量预算，可得出入库产品库存成本预算；产品的单位成本预算乘以产品销量预算，可得出产品的销售成本预算。

35. 如何编制服务型与项目型企业的成本预算

服务型企业的成本预算

服务型企业的成本预算要怎么做？下面以餐饮企业为例进行说明。

餐饮企业涉及那么多的菜品，每种菜品的成本该怎么核算呢？本质上，餐饮企业在采购食材与菜品加工阶段都具备生产制造型企业的特征。但客人点了菜，如点了一盆水煮鱼、一盘尖椒肉丝，财务人员能像生产制造型企业核算产品成本那样去核算菜品成本吗？估计不能。原因在于，餐饮企业的菜品并非批量生产，这样做会计核算难度太大，代价太高。那怎么办？只能简化处理。

具体做法是，根据餐饮企业以往食材成本占销售收入的比例，结合销售收入预算，确定销售成本中食材成本的预算。我们要承认，这种编制成本预算的做法较为粗糙，但却是不得已且可行的一种做法。

项目型企业的成本预算

项目型企业在做成本预算时，应该把项目当成最小的预算责任单位看待，每个项目都可视作一个利润中心，预算员可同步做项目的销售收入预算与成本费用预算。项目成本可比照产品成本分为三类：材料成本、人工成本、制造费用。编制项目预算时，预算员可根据这三个大类分别归集项目成本。

企业在填列项目成本预算时，需要借鉴一些基线数据。项目型企业可以向华为公司学习，建立可供本企业参考的基线数据库。项目型企业可多收集一些基线数据，如做某种规模的项目需要投入什么级别的人员，其中需要多少名工程师，日均人工成本是多少，这些基线数据有了，即可做出项目人工成本预算；再如，做某种规模的项目需要用多少钢筋水泥、螺钉螺帽等，有了这样的基线数据，材料成本预算也就做出来了。另外，根据项目占用的固定资产，企业可以做出折旧费预算和日常费用预算，在此基础上，项目的制造费用预算也就做出来了。

项目型企业做成本预算的思路跟做成本核算的思路基

本一致，但项目具有独特性，企业做项目成本预算不像做生产成本预算那样好把控。

36. 谁来编制成本预算

成本预算需要根据企业的管理模式及行业特点进行编制，企业管理的颗粒度也会影响成本预算编制的质量。成本预算既和销售收入预算高度关联，又和人力资源预算、部门费用预算、采购预算相关联。

成本预算应该由谁来编制呢？一些企业的成本预算是由财务人员编制的。例如，销售部门负责做销售收入预算，然后将销售收入预算提交财务部，财务部预算专员再根据历史数据，如成本收入比、标准成本等编制成本预算。这种做法正确吗？我认为不正确。预算编制是有顺序的，其先后顺序能体现出压力的传递。销售部门不仅要做销售收入预算，也要做成本预算，财务部需要做好配合工作，如提供财务基线数据作为参考，同时基于财务工作经验与认知判断销售部门编制的成本预算是否合理。

企业在编制成本预算时，一般应基于历史成本进行。如果历史成本不具有现实参考价值，如材料价格一直上涨，那么在做采购预算时，相关部门必须把采购成本预算提高；采购成本预算提高了，生产成本预算要因之提高，销售成本预算自然也就高了；这些变化最后都会影响利润预算。因此，财务部预算专员在进行预算汇总时，需要对成本与利润进行试算平衡，最终达成一个大家都能认可的结果。

37. 如何编制费用预算

本部分所讲的费用预算包括销售费用预算、管理费用预算、财务费用预算、研发费用预算及制造费用预算等。企业在编制费用预算时，一般有三个依据，如图 5-1 所示。

依据一，历史水平，即企业根据历史水平确定费用预算区间。例如，企业编制 2025 年的费用预算，需要先看 2024 年的费用水平，如费用总额是多少、费用率是多少、人均费用是多少等，然后以此确定 2025 年发生的费用预

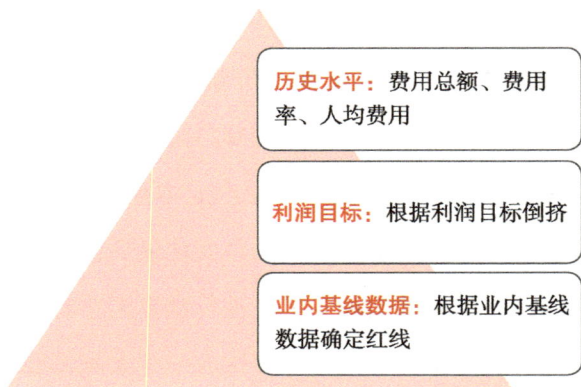

历史水平：费用总额、费用率、人均费用

利润目标：根据利润目标倒挤

业内基线数据：根据业内基线数据确定红线

图 5-1　费用预算的编制依据

算额度的大概区间。

依据二，利润目标，即企业根据利润目标倒挤费用预算。企业确定收入目标与利润目标后，为确保实现利润目标，在收入不能增加的情况下，就需要做好费用管控，明确应将哪些费用预算降下来。

依据三，业内基线数据，即以业内企业或行业的平均费用发生率作为参考，确定费用预算编制的红线。例如，人工成本费用率是多少，对应的市场推广费占收入的比重是多少等。

表 5-3 列举了一些常见的费用，下面以这些费用为例，具体讲一讲费用预算的编制依据。

表 5-3　常见费用预算的编制依据

费用类别	预算编制依据
人工薪酬	增长率不高于净利润的增长率
	增长率不高于人均产出的增长率
年终奖	按利润总额的一定比例发放
可控费用	人均可控费用增长率不高于 CPI 的增长率
敏感费用	零增长
广告费用	确定利润目标后倒推
研发费用	依据营业收入的一定比例投入

人工薪酬。人工薪酬预算的编制一般会遵循一个基本原则：以员工本年工资水平为基础编制下一年度的人工薪酬预算。人工薪酬预算"以员工本年工资水平为基础编制"，并非不考虑给员工涨工资。随着物价不断上涨，员工的工资水平也应有所提升。那么，企业的人工薪酬总额增长多少合适，如何设定增长率上限，避免因工资增长"吃"掉企业的全部利润呢？通常情况下，人工薪酬增长率受两道红线的制约：一是不能高于净利润增长率，二是不能高于人均产出增长率。

年终奖。 企业能发年终奖，表明控股股东愿意和员工一起分享企业的利润。企业编制年终奖预算，有两种普遍的做法。

第一种，企业多发 N 个月工资作为年终奖。例如，有的企业年底给员工多发一两个月工资作为年终奖，也有的企业给员工多发七八个月的工资作为年终奖。如果年终奖按照月工资固定的倍数去发放，其实质就是工资的变形，并非一种与企业利润绑定的激励。

第二种，年终奖跟企业的利润挂钩，企业有利润就发年终奖，没利润就不发年终奖，利润高就多发，利润少就少发。这样发放年终奖等于把企业利益与员工个人利益进行了绑定。我建议年终奖按这样的方式发放，同时也按这样的方式做预算。

可控费用。 可控费用主要包括销售费用、管理费用及制造费用里的可控费用。既然是可控费用，企业就应根据实际情况编制预算，需多则多，需少则少。一般情况下，人均可控费用预算尽量不要有大的涨落，增长率不应超过 CPI 的增长率。

敏感费用。敏感费用主要指享受型的费用，如装修费、招待费、旅游费等。这些敏感费用的预算最好做到零增长。

广告费用。广告费用的预算额度比较难确定，广告费用投入多了，一方面会吃掉企业的利润，另一方面又可能给企业带来增量收益。对于广告费用预算的编制，我有一个建议：先不考虑投入多少，而是设想企业在不做广告的情形下，利润预算目标是多少，再考虑企业股东期望的利润目标是多少，两个利润目标相减，差额（利润富余）部分就可以作为广告费用预算。这样编制广告费用预算，对企业来说安全系数较高，广告效果好是锦上添花，效果不好也不至于让企业利润出现大的亏空。

研发费用。类似于广告费用，研发费用投入后也会给企业带来收益，但相对而言，研发费用预算比广告费用预算更重要。广告费用预算虽然能刺激企业的销售，但它起到的作用仅限于眼前，而研发费用预算布局长远，是企业战略层面的预算，企业可依据营业收入的一定比例编制研发费用预算。

38. 如何增减费用预算

大家可以思考一个问题：企业的业务规模扩大了，费用预算是否要相应增加？可能很多人的第一感觉是，当然要增加。我认为不一定要增加，应结合具体情况来看。

费用预算是否随着业务规模的扩大而增加，应把费用掰开了看，主要看每一个费用科目和业务的关联度，即逐一判断两者有没有强关联性。如果有，这个费用科目的预算应随业务规模的扩大而增加；如果没有，则不应增加。简单来说，就是要看明细费用科目和业务规模是否存在显著的线性关系。

下面举个例子来说明：

有个小伙子到餐厅去买早餐，他对师傅说："来个素包子。"师傅说："素包子两块钱一个。"小伙子问道："昨天还一块五一个呢，今天怎么涨价了？"师傅回答："肉涨价了。"小伙子不解，又问道："我买的是素包子，跟肉涨价了有什么关系？"师傅说："因为我要吃肉啊！"

其实，我们只要把素包子的成本拆解来看，就能明白肉涨价与素包子涨价之间的关联。素包子是一种产品，它的成本由三部分构成：直接材料、直接人工、制造费用。肉涨价了，短期内不会导致制造素包子的直接材料涨价，也不会导致制造费用升高。但肉涨价与直接人工成本增加是有关联的。因为师傅要吃肉，这会导致他的生活成本提高，生活成本提高，师傅必然要求提高自己的劳动报酬。师傅的劳动报酬提高了，人工成本分摊到素包子的成本中，素包子的整体成本自然随之增加，所以素包子要涨价。

上例中的肉价与素包子的价格就存在线性关系，即肉价与素包子的价格是有关联的。

实务中还有一种情况，就是各预算责任单位在编制费用预算时，通常会把费用预算做大，这样下一年资金就能宽裕一些。站在企业的角度，如果每个预算责任单位的费用预算都偏高，那企业的利润预算就难以保证了。所以，适当削减费用预算是很有必要的，即企业编制预算时需要做平衡处理。

费用预算额度多少一般由各预算责任单位自己提出，财务部该采用什么方式对费用预算额度进行平衡和干预呢？财务人员不能武断地砍费用预算，但单凭解释与劝说，也难以让各预算责任单位的负责人自觉降低费用预算，可以想象，他们拒绝的理由是降低费用预算会影响他们经营。

企业应如何保持费用预算额度平衡呢？下面我给出三点建议。

第一，财务人员在编制费用预算时，应先把编制每项费用预算的依据、须规避的红线标注清楚，做到一碗水端平，各预算责任单位拟定费用预算的标准不能与之相冲突。

第二，必要情况下，若预算责任单位编制的费用预算需要突破红线，必须提供充分的理由和依据，并得到财务负责人的认可。

第三，费用预算的最终审批应由企业最高层负责，由总经理整体把关。一旦费用预算确定下来，财务部就应将其作为各预算责任单位下一年费用报销的依据。

企业最高层在审核费用预算时，如果认为预算过高，会要求财务部削减预算，对此财务部要拿出应对办法。削减费用预算前，财务部预算专员需要做三个判断。

第一，费用预算是否和企业经营相关。预算专员应优先把与经营不相关的费用砍掉，如优先砍掉享受型的费用预算（办公室的装修费等）。

第二，花费能否给企业带来增量产出。例如，员工出差期间可以选择住四星级酒店，也可以选择住三星级酒店，如果判断住四星级酒店并不会让企业因此多获益，那么在做费用预算时，就可以把差旅费中的住宿费预算降下来。

第三，某笔费用预算削减后，是否会造成企业近期或者远期效益下滑。如果不会，这样的费用预算也是可以削减的。

39. 如何破解研发预算难题

企业发展的良性循环是什么样的？应该是一个闭环：企业有高研发投入，生产的产品有高附加值，然后产品的价格高，企业能实现高利润，进而继续投钱做研发。按照此闭环发展，企业自会走上坦途。

企业要不要做研发，投入多少钱做研发，决策过程历来都是艰辛的。为什么难于决断呢？因为研发即便成功了，收益也不在当下，研发的价值体现于长远。企业今年投钱做了研发，当年不一定产生回报，可能明年、后年也难以产生回报，甚至根本就不能产生回报。做研发的人常说一句话：行百里半九十，不到最后一刻，谁都不知道研发成果能不能做出来。

研发是探索未知领域的过程，失败的概率较高。即便研发成果做出来了，它能不能转化为生产力，能不能做成产品，做成产品后能不能赢得市场，也都是未知数。有这么多未知数存在，企业经营者在做研发决策前，内心难免忐忑。

　　投钱搞研发，是在不确定性中给企业博机会，这钱会不会打水漂呢？因为有这样的顾虑，企业经营者做研发决策时会慎之又慎，这可能会让企业坐失良机。即使企业现有产品卖得好，随着市场竞争的加剧，等竞争对手推出性能更好的产品时，它们极有可能抢占企业的市场份额，这时企业再想投入资金搞研发，只怕为时已晚。一方面，时间不等人；另一方面，企业经营很可能已陷入困境，哪来的钱搞研发呢？

　　企业经营者普遍都有任期限制，他们可能也不会投入过多精力与资金搞研发。例如，经营者任期就三五年，现在让其布局搞研发，研发费用会直接削减企业当期利润，这会影响经营者眼下的绩效考核。因为存在任期限制，企业经营者在是否做研发问题上，难免滋生功利主义思想，不愿意为自己看不着的未来花钱。

　　企业研发投入难的问题该如何解决呢？从内因着手自然是最关键的，企业经营者需要有强烈的使命感，能根据企业远景目标做研发决策，并敢于给企业及自己戴"紧箍咒"。关于研发投入，《华为基本法》第二十六条有明确的规定："我们保证按销售额的 10% 拨付研发经费，有必要且可能时还将加大拨付的比例。"华为公司为什么要做这样的规定？研发投入占销售收入的比例为什么是 10%，而不是 8%、9% 呢？对此我们难以从理论上进行解析，但有一点是明确的，华为公司有这样的规定，等于把研发当成了自己的使命，把研发投入当成了企业的战略投入。

再穷不能穷战略，企业发展须立足长远，研发预算应于经营预算之外单列，专款专用。对于研发，企业经营者、股东应有足够的耐心和包容，要允许研发失败。另外，对于研发，企业要及早做规划，持续投入、持久投入。企业经营者直面研发问题时，如果有这样的认知，心态自会转变，企业经营者心态的这种转变极有可能带来企业生态的转变。

研发是增强企业发展后劲的重要途径，企业应把研发置于重要地位统筹擘画。企业关注眼前的利润是应该的，若能从眼前的利润中分出一部分搞研发，这等于播下了培育企业未来竞争力的种子。作为企业家，应具备如此脚踏实地、胸怀长远的战略眼光。

下面我们来看看华为公司是如何编制研发预算的。

华为公司的年报和审计报告都是面向社会公开的，登录华为官网，我们可以下载其年报，里面有关于华为研发投入的说明。2023 年，华为的研发费用支出为人民币 1 647 亿元，占全年收入的 23.4%。近十年累计投入的研发费用超过人民币 11 100 亿元。截至 2023 年 12 月 31 日，研发员工约 11.4 万名，占总员工数量的 55%。

关于华为的研发投入，华为公司财务总监孟晚舟女士有一段话说得很精彩："华为从不追求当期利润最大化，保持对未来的持续投入。人们看到了我们在经营上的成功，没有看到我们在冰山下的努力……未来几年，华为每年的研发经费，将会超过 100 亿美元，其中 15% 到 30% 投入基础技术研究与创新，用今天的钱建明天的能力。"她表示研发投入要像跑马拉松，而不是百米冲刺。华为确定了研发投入占销售收入的比例，等于把做研发预算的基调确定下来了。

那么，研发预算该如何分配呢？有一句话对

此作了非常形象的比喻：先开一枪，再打一炮，然后再范弗里特弹药量。

先开一枪，就是对那些不确定的领域，前沿的技术方向开展研究，必须有一定的研发预算投入，这属于预研投入。预研投入建议占到企业整个研发预算的 10%。

再打一炮，就是在某个前沿领域有了探索之后，如果感觉这个领域可能有所突破，那就加大投入。

当企业对某个领域有把握时，再进行重点密集的投入，这个密集投入，就是**范弗里特弹药量**。

企业把研发预算分为三段做规划，然后再确定预算比例，这等于对研发预算进行分类控制。

任正非对大企业和小企业的研发投入做过一个比较。他认为，大企业因为有规模优势和体量优势，为了分散风险，可以多个方向努力，把其中一个方向作为重点，然后根据市场的变化随时调整。这里有一点是确定的，就是所有的研究方向，都应该聚焦主航道，不能偏离企业的发展战略。

小企业的研发则不一样，其更多的是一种"赌博"心理，因为小企业的实力有限、资金有限。这时，小企业做研发只能瞄准一个点，赌赢了，企业就成长起来了；如果赌输了，企业很可能会关门。

这样来看，大企业和小企业做研发预算，在规划和策略上是不同的。华为把研发费用当成企业战略层面的支出，既然是战略层面的支出，就要保证做到以下几点。

第一，优先保证研发预算，企业不能因为经济不景气，经营不好，就去削减研发预算。研发预算要立足于长远，不能因为企业短期面临困境，就削减长远的投入。

第二，保证研发预算足额拨付，资金不能短缺，预算有了，资金也要跟得上。

第三，保证对研发预算进行分类控制。对于预研性质的研发项目，企业要有一定的预算投入，而对于确定性的、开发性质的研发项目，企业不能因为一次的失败，就不再投入预算，整个研发预算控制的重点应在开发阶段。

任正非曾表示，开发是一个特殊的确定性项目，应该有计划、有预算、有核算，不仅投入财务可视，过程及核算也应财务可视。研发进入开发阶段后，即使失败了，钱白花了也不要紧，研发部门说明原因，可以再申请预算。这就考虑到了研发的特殊性，研发不可能一蹴而就，一次就成功。

对于开发阶段研发费用的控制，主要有两个维度：

一是研发的进度，进度当然是越快越好；

二是金额，最好是"进度过半，预算（金额）过半"。

研发进度与预算进度同步，这是一种理想的状态。研发控制不能完全基于预算额度去控制，它的主要控制方向应该是研发进度。研发进度快，自然花钱就多，只要花钱的比例没有突破对应进度的总预算比例，研发费用预算控制就是妥当的。

40. 如何编制项目预算

企业要承接一个项目，或者已承接一个项目，最好先做一下项目预算，算一算这个项目能不能赚钱，大概能赚多少钱。在承接项目前，企业可根据项目预算结果判断项目合同值不值得签；对于已承接的项目，项目负责人可根据项目预算对标挖潜，让项目利润更有保证。企业做项目预算的作用与价值或许主要就在于以上两点。

大型企业非常重视项目预算的编制工作，华为公司针对大项目甚至会设置项目 CFO 岗位。项目 CFO 的重要职责是做好项目"四算"——概算、预算、核算、决算。

项目预算是项目财务管理非常重要的一环。项目预算编制有两种做法："顺着做"和"倒着做"。在实际工作中，项目预算编制一般都是将两种做法相结合。

"顺着做"，是先预计项目能实现多少收入，正常交付需要支出多少成本费用，然后用收入减去成本费用，得出这个项目的利润。企业"顺着做"预算，可以对项目的盈利情况有个基本了解。但这样做预算存在一个问题，有些项目负责人在做预算时可能不够客观，他们会担心预算花出去后项目达不到交付要求，或成本费用已超支项目却没做完等。基于免责心理，有些人会低估项目可能实现的收入，高估项目可能发生的成本费用。这样"顺着做"项目预算，利润大概率会偏低。既然存在这样的问题，企业在做项目预算时就不能完全"顺着做"，还需要"倒着做"。

"倒着做"，是先把利润确定下来，倒推收入与成本费用。例如，某企业承接了A项目，该企业希望A项目实现利润100万元，目标利润确定后，即可倒推出项目的收入及成本费用。合同金额确定后，项目所能实现的收入也就确定了，这时收入减去利润就是目标成本费用，也是成本费用的理论上限。

如果"顺着做"的项目成本费用预算比倒推出来的成本费用预算高，项目负责人就要设法压缩成本费用。如此一来，项目预算等于起到了帮助企业控制成本费用的作用。当成本费用降无可降时，企业应争取把项目合同额谈得高一些，这样达成目标利润就更有保障了。

企业在做项目预算时，可以"顺着做"和"倒着做"

结合进行，通过双向倒逼力求让项目预算更贴近实际。当然，并非预算编制出来后，项目预算工作就结束了。预算工作的闭环是绩效考核，项目预算编制完成后，企业还应把主要预算指标（如收入、利润、回款、成本费用率）纳入到项目绩效考核中。这样项目预算能维持较好的严肃性，参与其中的人也会认真对待项目预算工作。

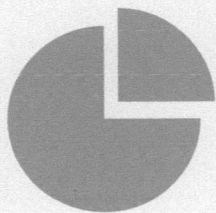

06

第 6 章

资金预算的编制与控制

正如前文所讲，资源永远都是稀缺的，而资金是企业最紧要的资源，所以更为稀缺。如果企业同时投入资金做太多的事情，很有可能导致资金链断裂。某知名房地产集团的失败就缘于此，还有一些企业正亦步亦趋地走在这条不归路上。避免资金链断裂一直是企业编制资金预算的主要目的，因此企业要向各预算责任单位贯彻"量入为出"的预算理念。

在"入"与"出"基本确定的情况下，如针对费用中心编制资金预算，则相对容易；在"入"与"出"不易确定的情况下，如针对利润中心编制资金预算，则较难。利润中心在做资金预算时，可能会表现出两个特点：第一，收入不可确定，支出不可预计，没有经验数据，预算只能凭主观臆断；第二，收入与支出唇齿相依，互为依存，因为有了某项支出，才会有相应的收入。这两个特点等于颠覆了"量入为出"的内在逻辑。企业针对利润中心编制资金预算，需要秉持的原则是，资金支出要有利于企业潜力与效益的增长。

41. 资金如同企业的血液

企业获得资金的途径主要有三种：股东投入、银行借入、自己挣得，而流出资金的途径就多了，如分红、还贷、采购、纳税、支付工资、日常开销等。资金如同企业的血液，有限的资金流入途径和丰富的资金流出途径本身就构成了一对矛盾，更要命的是资金流入途径容易出现堵塞，流出途径却极易扩容。

（1）如何维持资金平衡

资金流入途径容易堵塞的原因主要有三点：

第一，股东不会做低于预期回报率的投资；

第二，相较于"雪中送炭"，银行更乐意"锦上添花"；

第三，客户很可能会拖欠货款。

如果股东投入、银行借入、自己挣得这三个资金途径都出现问题，企业的资金链就会濒临断裂。这就像人的血管被堵塞一样，人会有生命危险，企业会有破产之虞。此时资金流出的途径若再扩容，企业就会如同人体加速失血一般，快速消亡。

企业的资金有进有出，我们要做的就是让进大于出，维持住动态的资金盈余。从长远来看，企业所进的资金主要来自销售，所出的资金主要用于采购、支付费用和人工薪酬。如果实现销售收入后不能及时回款，企业无异于免费提供资金给客户使用，这时销售即使有利润，也只能称之为"白条利润"；如果企业在采购时提前支付了货款或采购的材料不能立即投产，无异于免费提供资金给供应商使用。这两个"无异于"，看似一个责任在市场部门，另一个责任在采购部门，实质上，底层原因在于企业对营运资金疏于管理。

倘若出现相反的情形，即企业在销售产品时预收账款，在采购时延期付款，无异于客户、供应商都在给企业提供无息贷款。

上述两种情形有人形象地将之称为OPM（other people's model）模型。"用别人的钱"还是"被别人用

钱"，企业期待的自然是前者。保证收支平衡，确保稳健
的资产结构，维持适宜的经营规模，不折腾、不超越，
实现发展阶段扩张，这些是防范企业资金链断裂的可为
之举。

（2）"三看"识真金

导致企业破产的原因有千万条，但最直接的原因是不
能偿还到期债务。企业经营者也好，财务人员也好，一定
要看护好企业的现金。我们在阅读一个企业的现金流量表
时，可以通过"三看"识真金。

一看企业的现金净流量。现金净流量可以反映出企业
是否在失血，还能不能撑下去。

二看经营活动的现金净流量是正还是负。通过经营活
动现金净流量这个数据，我们可以判断企业自身有无造血
机能。如果经营活动的现金净流量为负，意味着这家企业
的经营活动难以为继，企业若想维持正常运转，需要通过
筹资活动补血。如果该企业没有筹资能力，那就麻烦了，
大概率要关门。

　　三看一个相对数：经营活动的现金净流量与营业利润的比值。光看经营活动的现金净流量，信息量太单薄，这个数字是大还是小，我们很难做出中肯评判。但把这个数字比照利润表里的营业利润去看，效果就不一样了。经营活动的现金净流量与营业利润的比值若大于 1，则相对理想；若在 1.1 到 1.2 之间，就更完美了。这样的比值意味着企业每一分钱的营业利润都有现金流入做支撑。

42. 资金告急时的应对之策

　　正如前文所述，资金如同企业的血液，支出费用如同企业失血。在企业造血机能不健全时，企业经营者一定要延缓企业的失血速度，多撑一会儿是一会儿。撑过来了，企业或许就有稳健的造血能力了。

　　企业在资金告急的情况下，应做到以下五点。

　　第一，谨慎赊销。

　　企业应制定合理的信用政策，在赊销问题上严格把关，避免出现应收账款激增的情况。产品卖出去了，钱却收不回来，这样的销售行为会进一步加剧企业的资金危机。经济下行时期，企业普遍都会感受到资金压力，客户方大概率也会碰到类似的情况，客户没钱，极可能拖延支付货款的时间，导致企业无法按期收到货款，长此以往，可能会拖垮企业。

第二，谨慎备货。

企业在资金链紧张时，切忌盲目备货，包括产成品与原材料。货备多了，意味着存货会过多占用企业有限的资金。一旦销售不畅，存货周转就会变慢，资金回笼会很困难。这时，存货不仅会增加仓储成本，机会成本也会提高。在完全竞争市场，按订单生产与按订单采购，才是企业的理性选择。

第三，谨慎分红。

如果企业留存了一点利润，碰到经济下行时期，切不可匆忙给股东分红。把钱留在企业，很可能会在危急时帮企业一把。

下过围棋的人都知道，围棋碰上"打劫"的局面时，胜负就取决于黑白双方谁的气长。气长一口，终将获胜。气长与否，套用到企业资金管理上，就是储备的钱够不够用。钱够用，企业很可能度过危机；钱不够用，企业就可能倒在危机中。

成功的企业家都具备很强的资金安全意识，任正非先生把资金比喻为"棉袄"，企业过冬必须准备好"棉袄"。宗庆后先生曾说过："娃哈哈的现金流很安全，公司现在还有 100 多亿元的存款。"俞敏洪先生则说："在公司账上要留足够的现金，如果公司某天突然倒闭了，公司账面有钱可以解决员工遣散、学生退款的问题。"雷军先生也说过："我一定要在公司账上留笔现金，确保可继续给员工发放 18 个月工资。"

企业究竟需要储备多少资金呢？这是个见仁见智的问题。我的观点是，企业储备的资金至少要能满足以下三方面的需要。

（1）要让员工有退路。企业即便经营不下去了，该给员工结算的工资、离职补偿也应该要结清，给员工一个能应对失业危机的基本保障。

（2）储备的资金能保证企业最后拼一把。只要不是整体市场萎缩，企业碰到的困难理论上都是暂时的，足够的资金储备，可以帮助企业克服这种暂时的困难，企业会有缓过来的希望。

（3）储备的资金最好能圆企业转型的梦。企业如果做不下去了，就此关门，企业家后面应该做什么呢？即使再创业，也是需要资金的。如果企业事先留出转型的资金，就此转型，也可视作企业家的二次创业。

第四，降本增效。

开源节流，企业两手都要抓。开源，指企业要把销售收入做大；节流，指企业花钱时能少花就少花。企业在经营困难时，要习惯过苦日子、紧日子，少做面子活，少花面子钱。对于无效成本，企业要杜绝发生。所谓无效成本，就是不能给企业带来增量收益的成本。企业每花一分钱，都要让它起到作用。企业把能省的钱省下来，是为了给自身减负，省下来的这点钱说不定能让企业"活得"更长久。

第五，谨慎融资。

在资金问题上，企业若遇上更严峻的局面，应对措施就要升级。例如，企业资金链濒临断裂，资金缺口很大，这时企业就要考虑融资。企业融资主要有两种方式：债权融资和股权融资。

债权融资自然是找银行借钱，或者找其他企业和个人拆借资金。当企业资金链濒临断裂时，企业找银行借钱恐怕很难；如果向其他企业或个人拆借资金，资金成本又会特别高，对此企业经营者一定要谨慎，切莫"见钱眼开"，高成本拆借资金无异于饮鸩止渴。

企业缺钱时也可以选择股权融资。当然，只有具有良好发展前景的企业才具备股权融资的基础。实务中存在一个问题，有些企业虽然适合股权融资，但股权融资会稀释股权，大股东可能会丧失部分话语权，甚至丧失企业的控制权，对此有些企业的大股东会有所顾虑。

通常来说，当企业资金链濒临断裂时，脱困有一个窗口期，一般为 3~6 个月。因此，企业融资脱困要快刀斩乱麻。

43. 从现金流看资金管理

实务中很多企业都因为现金流紧张而陷入了经营困境，这给企业资金管理带来了怎样的启示呢？

第一，企业不管在什么时候，都要牢记"现金为王"。

"企业管理以财务管理为核心，财务管理以资金管理为核心。"这句话大家耳熟能详，可真到了企业，很多经营者对此却充耳不闻，他们总觉得自己有能力突破管理规律的束缚，这些规律制约不了他们的企业。他们热衷富贵险中求，热衷本大利大，认为"冒险、踩钢丝"能帮助企业快速做大做强。也许在某段时间内，他们因为站在风口尝到了甜头，但管理规律是不以个人意志为转移的，违背规律做事，终将给自己带来危机。

第二，企业经营即使顺风顺水，也要有降本增效的意识。

有些企业在经营一帆风顺时，花钱会大手大脚，不注重成本控制。对此大家可能会觉得：企业有钱，利润也很好，花这点钱算不了什么？但要知道，企业在扩张时，发展速度会掩盖高成本带来的问题，一旦企业经营陷入低迷，高成本带来的问题就会显现出来，这时企业再想降本增效渡过难关，会很难。

第三，企业对市场要有敬畏之心，不能一味地"踩油门"。

一个行业的市场总是不断变化的，市场起起伏伏，有上升期就必然有衰退期，房地产市场的变迁就很好地说明了这一点。当市场需求逐步被满足后，支撑房地产市场高速增长的动力就不存在了。当市场趋于饱和时，若企业仍延续此前的扩张模式，必定会陷入困境。因此，企业经营者把握好市场规律至关重要。企业经营者应当引领企业适应市场规律，快速响应市场变化，动态调整经营行为与管理政策，确保企业的内部运行机制高度灵活。这些调整应比同行快，即使快半拍，也能让企业在市场竞争中占据主动。

第四，牺牲局部让企业活下来。

如果资金链濒于断裂，企业被逼到了处置资产这一步，企业经营者一定要快速、果断地做出应对，采取相应措施进行处理，必要时要舍得牺牲局部让企业活下来。

很多企业经营者都欠缺资产处置意识，其实，当企业需要转型或陷入困境时，为了获取资金舒缓债务危机，变卖资产乃至转让股份，都是很正常的事情。资产也好，股份也好，它们都是商业价值的呈现形式，都只是企业家经营企业的棋子，没有什么是不可卖的。企业经营者为了逐利，选择一个恰当的时机变卖资产或转让股份，可以议个好价钱，这无论对企业而言，还是对股东而言，都是有利的。

第五，企业要有自救的勇气和手段。

自救而不完全寄希望于别人施救，是企业经营者自强的表现。任何投资方都不可能轻易出资，商场上讲究利益取舍，帮人渡难的同时自己也要获益。因此，企业在遇到资金困难时，应先想办法自救，做出一点成绩，给投资方以信心。只有这样，投资方才可能把资金投进来。

其实，对企业来说，变卖资产就是一种有效的自救手段。那么，企业应该优先变卖优良资产还是闲置资产呢？乍一听这个问题，相信很多人会说："当然先变卖闲置资产啊，这部分资产反正用不上，还不如把它们卖了变为现金。"这个想法过于理想主义了，如果闲置资产那么好变现，就不会一直闲置着了。资产之所以闲置，就是因为它们变现不了，或者难以变现，就算卖掉，也卖不了几个钱。

企业既然想变卖资产筹集资金，就要有"靓女先嫁"的思维，即优先变卖非核心的优质资产，甚至是核心优质资产。只有优质资产才可能卖上好价钱，企业才能因之筹集到足够多的资金续命。

现实中很多企业经营者会有种瞻前顾后的心态：好资产，不忍卖，也不愿意降价卖，总觉得优质资产如同"一只能下蛋的母鸡"，是企业未来的希望。优质资产不愿意卖，闲置资产又卖不掉，当断不断，企业极有可能错过资产处置的最佳时期。变卖优质资产犹如断臂求生，这个过程会很痛，但它很可能是企业的必为之举。断臂求生，刀要准、要快。动作快，被处置的资产更容易卖个好价钱，企业也容易缓过劲来。

资金链濒临断裂，这是对企业的考验。如果企业能自救成功，以后就有机会发展得更好。经历了风雨依旧屹立不倒的企业，生命力会更加旺盛。

44. 资金预算编制的逻辑

资金预算是以企业资金收付为基础编制的。这里说的资金，包括现金、银行存款、现金等价物等。编制资金预算，目的是说清楚企业原本有多少钱，本期能收到多少钱、需要花多少钱，最后算出期末结余。转换成财务专业语言，资金预算的编制逻辑就是用企业上期的资金结余加上本期资金流入，减去本期资金流出，最后得出期末资金结余，如图 6-1 所示。

图 6-1 资金预算的编制逻辑

对于资金预算的期限，企业可根据管理需要自行设定。如果企业一个月编制一次资金预算，上期、本期就对应上月、本月，如果企业一周编制一次资金预算，上期、本期就对应上周、本周。

资金预算的编制基础是什么呢？是经营预算。资金预算的上期资金结余数与本期资金结余数对应的是预算资产负债表里的货币资金期初与期末数，企业编制经营预算时，涉及的资金流入、流出数都要同步引流到资金预算表中。明白了以上逻辑和原理，财务人员就不难设计资金预算表了。资金预算表的设计相对容易，因为它牵涉的因果较少。

资金预算表属于管理报表，它具有以下一些特点。

第一，没有固定格式。

资金预算表没有固定格式，可以比照现金流量表的样式设计（见表 6-1），也可以做些改变。既然资金预算表没有固定格式，财务人员就可以充分发挥主观能动性，根据业务实际需要进行设计，同时根据企业管理需要随时调整表格样式。

表 6-1　资金预算表设计示例

项目	1 月	2 月	3 月	4 月
一、上期资金结余				
二、本期资金流入				
（1）经营活动收到的资金				
（2）筹资活动收到的资金				
（3）投资活动收到的资金				
三、本期资金流出				
（1）经营活动流出的资金				
（2）筹资活动流出的资金				
（3）投资活动流出的资金				
四、本期资金结余				

表 6-1 把资金预算分为四大部分：上期资金结余、本期资金流入、本期资金流出、本期资金结余。填报资金预

算表的重头戏在于细化本期的资金流入和流出事项。资金流入和流出事项一般要根据企业管理需求，以及资金流入和流出金额的大小做出细化，细化后的名目要贴近业务实际，足够接地气，以求让报表阅读人一眼洞穿精要。资金预算表的设计，不仅要做到财务领导能看懂，业务领导也应能看懂，以便双方沟通交流。

第二，按收付实现制编制。

资金预算表编制的基础和财务预算的编制基础是不一样的，预算资产负债表也好，预算利润表也好，编制基础都是权责发生制，资金预算表的编制基础是收付实现制。

第三，资金预算可以被看作经营预算的有益补充。

企业做经营预算，最终要算出利润预算数，利润通常带有"欺骗性"，主要表现在利润容易被粉饰，并且不一定有现金流入做支撑。光有利润没有钱，企业仍然无法有序运转。而企业的资金状况不易被粉饰，通过编制资金预算表，将资金预算和利润预算对照着看，或许能给企业管理者更多提醒和警示。

45. 资金预算编制的意义

前文提到，资金预算编制的基础是经营预算。经营预算先框定经济事项，再将其中涉及的资金收支引流至资金预算表中，这等于突出了资金管理的重要性。倘若资金预算脱离了经营预算，则很可能会偏离财务预算的范畴。

有人可能会问，为什么做了财务预算，还要做资金预算呢？

企业管理的核心是财务管理。如果企业对财务管理不够重视，没有把财务管理当作企业管理的核心，说明这个企业的市场竞争意识不强。企业财务管理的核心是资金管理。资金如同企业的血液，企业编制资金预算是为了使血液循环畅通。另外，资金预算可弥补经营预算的不足，因为资金预算按收付实现制编制，它可以修正因按权责发生制编制经营预算形成的误导。

资金预算的编制比较灵活，它没有经营预算那么强的综合性，编制起来相对容易。经营预算涉及的内容非常多，包括收入预算、成本费用预算、人工成本预算……财务部预算专员在编制经营预算时，还需要考虑各种分摊分配比例、会计做账的基本原则等，只有这些都考虑全面了，预算专员才能编制出成熟的经营预算。资金预算的编制则省事得多，只需要考虑资金收支。企业编制资金预算，可以做得更有时效性和针对性。

大型企业通常对预算工作非常重视，小企业对此则意识较弱。有人认为，小企业规模有限，一眼就能看穿家底，又何须编制预算？甚至有的小企业本就是家族式企业，钱、材料及产品，都是一家人在管，只要东西不丢，就不会出什么大问题。

在我看来，企业规模小时固然不必编制经营预算，但编制资金预算还是很有必要的，尤其是以下几类企业。

第一类，小微企业。小微企业本身就没什么钱，抗风险能力弱，不把资金盘算好，很容易受困于资金链断裂。

第二类，创业型企业。这类企业创始人投钱不多，企业需要引入投资补血。在产品做出来之前，企业如果把钱花完了，又没找到新的风投救场，很可能会经营不下去。

第三类，亏损企业。企业在亏损的情形下，更应把钱看得重一些，亏损不一定能导致企业关门，但没有钱，企业可就真要关门了。企业在亏损时做好资金预算，花钱精打细算，也许能熬过危机，迎来转机。

第四类，资金链绷得比较紧的企业。这类企业往往是热衷疯狂扩张的企业。企业大肆扩张有它的好处，一方面，可以抓住"机会窗"收益；另一方面，企业资金使用效率会比较高。但这样的做法也存在不足，企业的资金链容易绷得太紧，资金链条很可能会断裂，从而导致企业经营陷入全面瘫痪。

46. 通过预算控制经营

企业做预算，其中一个主要目的是控制经营。控制经营包括两方面：一是对资金支出进行控制，尽量不让资金支出突破预算；二是对销售规模进行控制。

可能有人觉得，销售规模不是越大越好吗，为什么还要对它进行控制呢？正常情况下，销售规模自然越大越好，这也是企业刻意追求的目标。但是，当销售规模突破了企业的产能极限时，就不见得是好事了。

有些企业为了追求销售规模的快速增长，会出现"萝卜快了不洗泥"的现象，这时若企业销售合同签得太多，金额签得太大，可能会"撑"着。当销量多到产能无法满足时，企业也会存在经营风险。

控制资金支出与控制销售规模的实质是一致的，就是让企业运营更加有序，确保企业在可控范围内运营，尽可能避免不可控的情况发生。

对于很多企业来说，预算能起到的最大作用是不让费用报销超出预算范围。费用发生了，报销时，财务人员会将之和预算额度进行对照，看拟报销的费用有没有超出预算范围，实际上这也属于预算控制经营的一种方式。

对费用报销进行预算控制，企业需要重点关注以下五个方面。

第一，关注费用预算与业务的关联性。

前文曾讲过，企业编制费用预算要注意区分费用科目的性态，看费用科目是否与企业业务相关联。如果费用科目与企业的业务关联度高，该费用科目应该做成弹性预算；如果费用科目与企业的业务关联度低，该费用科目宜做成固定预算。弹性预算控制费用占销售收入的比例，固定预算控制费用总额。

第二，关注费用预算的结果控制与过程控制。

企业对费用预算既要坚持结果控制导向，又要坚持过程控制导向。结果控制相对简单，对预算支出刚性进行约束即可。结果控制操作简单，弊端在于它是事后控制。过程控制可以克服此弊端。例如，企业年度费用预算为 1 200 万元，因业务性质不同，可以是每月花费 100 万元，也可以是 12 月一个月花费 1 200 万元。就企业经营管理而言，前者自然更合理。加强费用预算的过程控制能起到调整方向的作用。

第三，关注削减费用预算的逻辑。

预算确立后，若企业的经营计划需要调整，市场出现重大变化，资金出现严重短缺，企业可能会要求财务部预算专员削减支出预算。削减预算好说难做，具体削减哪一部分预算呢？这又是一个利益博弈的过程。我建议从效益回报角度确定削减预算的顺序，回报越低的预算越应先被砍掉，先后顺序如下。

（1）削减不再执行的事项的支出预算，如广告投放预算。

（2）削减不能带来经济利益回报的支出预算，如办公室装修费预算。

（3）削减低效产出的预算，按投入产出比确定先砍掉哪部分预算。例如，一笔钱可以用在A项目上，也可以用在B项目上，企业如何在A、B两个项目之间做取舍呢？这种情形下，企业要看钱花在哪个项目上效益更好。项目效益好，企业应优先保证费用预算；对于效益相对差的项目，企业可以削减预算。

（4）压缩部分日常费用预算。

（5）削减人工成本预算。

企业削减费用预算应按顺序进行，节奏不能乱，否则可能会引发企业内外部不必要的震动。例如，企业一开始就削减人工成本预算，如裁员降薪，势必会引起员工的恐慌。

第四，关注削减费用预算与支出预算的方式。

原则上，不能带来增量产出，或会造成企业效益减少的支出预算，都应该削减。有些企业会增加某类预算批复的难度，这也是削减费用预算的一种方式。例如，对于个人消费型资产支出，如购买轿车、笔记本电脑、摄影机、照相机、镜头等方面的支出，某集团企业在做年度预算时，就明令下属单位不许筹划此类预算，此类资产的采购需一事一议，单独报总部审批。

第五，关注年末突击花钱现象。

大企业对预算支出一般都有刚性约束，对费用报销的审批往往前置在预算环节进行，预算范围内的费用报销，一般只履行形式审批。这种管控模式看似合理，却给了一些部门和个人可乘之机，觉得富余的预算不花白不花，于是出现了年末突击花钱的现象。这种做法既有预算责任单位负责人的私心作怪，也有苦衷难言。企业每年在做费用预算时，往往会比照上年数，倘若当年的预算没能花掉，明年的预算可能会被削减。这样可能会导致一个结果，越省着花钱的预算责任单位越拮据。

预算额度绝非花钱指标。如果预算编制得不够精准，或者预算事项改变了，企业可能会形成花不出去的预算。企业片面强调提高预算执行率，出现年末突击花钱的现象将是必然的，这是预算管理失准、失效、失控的综合体现。当突击花钱成为常态，预算势必逐年膨胀，浪费、低效会成为惯性。"不花白不花、花了也白花，"不能成为预算责任单位看待预算结余的心态。

对于年末"花不出去的预算"，怎样处置才合适，如何谋求局部与整体利益双赢呢？有两个思路：

一是将没用完的日常性费用预算用于激励，如市内交通费、业务招待费等预算，企业可将这类剩余预算的 50%

奖励给厉行节约的部门和个人；

二是将项目性费用预算递延至下一年度，由原预算单位继续使用，如部门活动经费、员工培训费等预算。

47. 通过外包降低成本预算

如果企业资金不足，但业务发展良好，客户优质，企业要想多承接业务，有一个办法值得尝试——外包。企业可以考虑把某些项目或事务外包给第三方去做，以缓解自身资金压力。

外包降成本的常见表现形式有以下几方面：

第一，生产外包，就是以外加工方式将生产委托给外部企业，达到降低成本、提高效率、增强竞争力的目的；

第二，销售外包，企业把产品做出来了，由第三方代理销售；

第三，客户服务外包，企业把产品卖出去后，安装、维护、维修及客户咨询都外包给第三方负责；

第四，后勤外包，常见的有企业的班车外包、食堂外包、物业外包、安保外包等；

第五，企业把某些职能服务外包，如会务外包、财务共享服务外包、人员招聘外包等。

外包体现的经营思想是专业的事交给专业的人去做，企业只聚焦最核心的业务。这样做，一方面可以降低企业的成本费用，另一方面可以减轻企业的管理难度。

48. 高负债、高收益与高风险之间的三角平衡

如果企业赶上好的发展机会，但自有资金不足，为抓住机会，企业经营者可能会举债扩张，因为债务杠杆可以帮助企业快速做大做强。市场机会稍纵即逝，机会来时，企业经营者若犹豫不决，不及时筹款，很可能会错失机会。抓不住机会，是企业发展过程中最大的风险。

可是，负债太多，企业又会背上沉重的包袱，既有付息的压力，又有到期偿还本金的压力。理论上，企业负债

的上限是息税前利润能覆盖债务利息,但这个理论上限是极其脆弱的。一方面,息税前利润有可能减少,一旦减少,就意味着企业连利息都还不上;另一方面,债务会到期,债务到期后如不能续借,意味着企业无法如期还债。企业一旦不能按时归还到期债务,信用就会破产,隐形的债务风险顿时会显现出来。

发展机会摆在面前,债务风险也摆在面前,要不要通过高负债博取高收益,需要企业经营者认准时机,并权衡利弊。如果企业进入的是一个新兴行业,一段时间内市场上产品短缺,这时企业大干快上就会赢得先机,高负债、高杠杆、高周转会让企业快速抢占更多市场份额,赚得盆满钵满。可过了这段窗口期,行业市场会由卖方市场转变为买方市场,企业接下来就要参与红海竞争。这时企业如果延续"三高"做法,依旧大肆扩张,很可能会在竞争中最先陷入债务危机。

债务太高,资金链绷得太紧,企业宛如走钢丝。当市场风平浪静时,钢丝可以走得平稳;一旦市场恶化,钢丝绳陡然崩断,走钢丝者非摔下来不可。因此,钢丝绳要不要走，值不值得走，取决于企业经营者对行业发展态势的判断，以及企业经营者对市场发展势头的预期。判断对了，预期准了，高负债能带来高收益；反之，高负债只会带来高风险。尤其要提防的是，高负债撑起的扩张行为极可能反噬企业，成为压垮企业的那根稻草。

一个行业的高速扩张期并不长久，市场留给企业"躺赢"的机会也不多，生产过剩才是市场竞争的常态。因此，高周转状态下企业高负债与高收益合体并不常见，而低周转状态下企业高负债与高风险形影相随倒很常见。

当市场趋于饱和时，企业经营者要有绣花的耐心，着力推进精细化管理，做好企业资金预算，加速资金周转，实现降本增效。这样做，才能淡化风险，增进收益。同时，企业要保持战略定力，不盲动，不躁进。这种战略定力体现在两个方面：

第一，企业经营者要抑制住把经营职能做得大而全的冲动，不要什么都做，对那些非核心业务，企业可以外包出去，让专业的人做专业的事；

第二，企业不要四面出击，应聚焦主航道，把自己的业务领域做精做好。

市场走过高速发展期后，企业经营者要及时摒弃粗放式发展思维，将降债务、降杠杆摆上经营日程。衡量一个企业债务风险高不高，主要看三个财务指标的表现：一是资产负债率不高于 70%；二是流动比率不低于 2；三是速动比率不低于 1。

商场决胜，企业经营者应当有敏锐的市场洞察力，不宜低估负债的风险，也不宜高估负债的功用。要不要高负债，当因势利导，市场变，策略亦变。

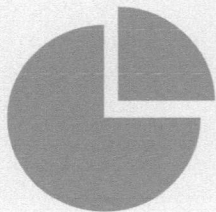

07

第 7 章

预算做不准，怎么破

预算工作是面向未来的，既然面向未来，做不准就是一种常态。面向未来的事情，存在着诸多不确定性，把它做得绝对准确，是一个小概率事件。财务人员不要过于纠结预算做得准不准，更不能滋生一种想法：既然预算做不准，那为什么要做，做了又有什么用呢？

企业在不同阶段的经营规律和管理特点是不同的，编制预算不能脱离企业的发展阶段。把预算做准，只能是把握住企业特定阶段的经营规律，在重大方面，在关键环节做准预算。

49. 预算为什么做不准

很多财务人员总会为预算做不准而苦恼。须知，预算做不准是常态，做准了是偶然。预算为什么做不准，主要有三方面的原因。

第一，战略方面的原因。

企业战略不清，计划不明，会影响预算的准确性。计划是对战略的分解，预算是计划的量化。如果源头的战略与计划不清晰，经常调整，处于后端的预算也只能随之调整。

第二，市场方面的原因。

因市场不确定导致的预算做不准，主要有以下两种情形。

（1）市场格局出现了大的变化，而这个变化企业事先没有预测出来。很多企业编制预算会参考历史数据，根据历史规律做出预判，当趋势没有根本性改变时，各预算责任单位预算员会觉得以往是这样的发展规律，未来也将是这样的发展规律。这种情形下，一旦市场有大的起落，预算员又没有预料到，预算自然就会做不准。如果企业经营者对市场走势误判了，源头制订的经营计划必然不切实际，后面的预算也会被带偏。

例如，当年某知名手机品牌，其按键式手机做得很好，市场占有率非常高，但在滑屏式智能手机出现后，该品牌按键式手机的销量便一落千丈。由于该手机品牌的企业经营者没有提前预测到这种趋势，产品研发没有及时向消费者偏好倾斜，因此导致该品牌手机在很短的时间内就退出了一线市场。

（2）对于新成立的企业、开发出新产品的企业、开拓出新市场的企业来说，想要将预算做准也有很大难度。如企业开展了一项新业务，推出了一项新产品，因市场处于开拓阶段，缺乏历史基线数据作参考，这时预算员要想做准预算是很难的。

华为公司当年研发万门程控交换机时，很多人都觉得没必要，认为两千门交换机就足够了，万门程控交换机很可能卖不出去。但负责人表示，"你们尽管研发，研发出来，我保证帮你们卖掉十台"，以此鼓励研发人员。后来的结果是，万门程控交换机岂止卖了十台，它卖出去了成千上万台。

对于这种新产品、新市场呈现出的业务场景，在没有历史数据作参考的情况下，要把预算做准确实有难度。这种情况下，我们不要总纠结于预算做得准不准，企业经营者对市场的判断是否准确才是最重要的。

第三，企业管理的原因。

如果企业管理不畅，即便预算做得合理，在实际执行过程中也会走样，从而导致预算和实际脱节。例如，在有些企业中，关键财务预算数据由不了解下情的上级领导拍板定夺，领导拍出的数据严重脱离实际，这就会导致后面的预算做不准。

以某通信企业为例，某年该企业确定的移动用户新增目标为 1.2 亿户。但凡对通信市场有所了解，即可知这一目标是脱离实际的。实际情况如何呢？该企业当年累计净增移动用户仅 4 万户。

此外，预算在执行过程中会牵涉方方面面的利益。一方面，预算过程也是资源分配的过程，资源分配会涉及利益；另一方面，预算目标涉及绩效考核，甚至牵涉个人占有使用资源所得到的好处，因此预算做得准不准，还关乎个人利益。

需要强调的是，在预算面前，个人利益与小团体利益都应服从企业的整体利益，否则编制预算与执行预算都难免陷入缘木求鱼的境地。另外，预算准不准，不应是财务人员关注的全部重点，财务人员更应重点关注预算管理思维是否真正落地了，预算原则是否被遵守了。

50. 基于战略编制预算

预算是战略的分解。战略是什么？战略就是为保证企业持续发展而做出的长远规划。战略是面向未来的，一个企业的战略如果飘忽不定，一会想着做 A 产品，一会想着做 B 产品，当看到别的企业卖 C 产品赚大钱时，又想着做 C 产品，那就麻烦了，朝秦暮楚的企业一定不会有良好的发展。

企业一旦改变战略，资源配置的方向也要因之而改变，这样的改变有可能会打乱企业布局，预算亦须随之做出调整，自然做不准。

企业战略最终会分解为经营计划。战略确立后，接下来企业要逐年订立清晰的经营计划，这个过程就是达成战略目标逐步推进的过程。如果企业的经营计划本身很含糊，在实际执行过程中少不了改变与调整，这也会导致预算做不准。

另外，如果把做计划和做预算的顺序搞颠倒了，预算也做不准。

在一次培训课上，有个学员表示，他们公司的预算编制出来后要上报给董事长，但每报一次，董事长就让改一次。他问我有什么好的建议？我问他："董事长让改预算的原因是什么？"学员回答："第一稿预算报上去，董事长看了，说明年企业还要开拓海外市场，所以预算要改；我们改完再报上去，董事长看完，又说明年企业会在华东再建两条生产线，所以预算又得改；我们再改一稿报上去，董事长又表示明年企业准备在东北收购两家子公司，预算还得改。"我听完后，对他说："这不是财务人员的问题，是你们公司的发展战略不清晰，董事长对公司来年的经营没有明确的计划，想一出是一出，在这种情况下，企业财务人员难以做好预算。"

1998年，华为公司出台了一个纲领性的文件《华为基本法》，其中第一条就明确指出，"为了使华为成为世界一流的设备供应商，我们将永不进入信息服务业。通过无依赖的市场压力传递，使内部机制永远处于激活状态。"当时的华为清楚地知道自己该做什么，不该做什么。既然要聚焦"成为世界一流的设备供应商"，那么对华为来说，就应该将重点资源配置到企业主要经营业务中。

华为有一个经营理念：聚焦主航道，即企业的战略资源只配置在主航道上。什么是"主航道"呢？就是企业认可的战略方向。如果某个业务方向不是企业认可的，即便有可能赚到钱，华为也不会投入资源。

针对华为当年的战略目标，我们来做一个分析：战略方向——设备供应商，目标——世界一流，目标需要在经营中一点点去达成，因此，企业需要做经营层面的分解。以财务人员的视角看，华为需要先在国内市场上实现一流，然后走向国际市场，实现世界一流。国际市场包括非洲市场、欧美市场等，进入这些市场也需要有先后顺序。

在这个分解的过程中，企业需要制订经营计划，如研发什么样的新型产品，采用什么样的销售方式等，这些都属于经营计划层面的事项。经营计划确定后，接下来就该编制预算了，包括收入预算、成本费用预算、利润预算和资金预算。

在预算得到董事会批复后，企业需要在预算范围内履行经营管理，同时要将预算执行结果与当初确定的目标进行比较，实施绩效考核，最后根据考核结果给员工兑现激励，将员工个人利益与企业战略实现牢牢绑定。

51. 企业管理对预算准确性的影响

企业管理对预算准确性的影响主要表现在以下几方面。

第一，预算编制未做到全员覆盖，即企业没有把全员的经济活动都纳入到预算管理中，预算事项有缺失。

　　我曾给一家民营企业做财务咨询，这家企业编制的资金预算在执行过程中出了很大问题。企业资金预算做出来了，也审核通过了，但采购部要付款时企业账户上却没钱。各部门上报的资金预算都经过批准了，可是用钱的时候却不能满足它们的资金需求，对此各部门对财务部的意见很大。在调查过程中，财务负责人给出的解释是，总经办经常会临时使用资金，财务部要优先保证总经办临时用钱的需要，所以把资金抽调走了，这就导致其他部门所需的资金无法保证。听了财务负责人的解释，我马上就明白了，这家企业在做预算时，没有把总经办的资金支出预算做进去，所以导致预算外支出挤占预算内支出。如果能把总经办的资金需求一并纳入资金预算范围，这家企业的资金预算管理就不会出现这种被动局面了。

　　第二，企业组织架构进行了重大调整。财务部编制预算以及做财务分析时，企业内部如果新成立或新分立了预算责任单位，因为没有历史基线数据作参考，或者历史基线数据不适合作参考，没了比较对象，新预算责任单位基于免责考虑，会把预算做得宽松一些，编制的支出预算往往就高不就低。

第三，前文曾讲过，企业如果以自下而上为主编制预算，各预算责任单位可能会有意"打埋伏"，人为压低产出类预算，抬高支出类预算。

第四，主要的预算数据由上级领导拍板确定，下级没有太多话语权，只能根据上级领导确定的数据做预算分解。如果上级领导对下级单位的情况很了解，很熟悉下级单位的业务，这么做当然没问题。就怕上级领导对下级单位的情况不太了解，拍板确定的数据与实际情况完全不符，这样的预算势必难以执行。

对于各预算责任单位上报的预算数据，财务部预算专员应验证数据的合理性，看数据是填报高了还是低了。对此，财务部预算专员需要有丰富的工作经验，同时要对本企业的财务数据有足够的敏感性，对数据的关联情况要能产生丰富的联想。当看到一个数据和另一个数据的勾稽关系不合逻辑时，财务人员要能立刻洞察其中的不合理之处，然后通过对预算数据进行交叉验证识别问题。以收入预算为例，收入预算可以按产品类别编制，也可以分销售区域编制，还可以依客户或销售渠道编制，如果每一个维度的销售收入预算都由不同部门的预算员来编制，难免会有不同的预算结果，这时财务部预算专员应当对预算数据的合理性存疑，对预算数据进行必要的验证。

52. 不同阶段企业预算的重点

预算要做到完全精准，可能很困难，但做到相对准确还是有可能实现的。举例来说，某人买了一套两居室的房子，准备装修，装修的预算能不能做准呢？这在很大程度上可以做到相对准确，因为编制房子装修预算需同时满足以下两个条件。

第一，经济业务具有确定性。装修这件事是确定的，房子的户型和面积也是确定的，户主选定装修风格与装修材料后，装修预算事项基本就确定了。

第二，有相应的经验数据作参考。例如，粉刷墙面，根据墙体面积，大概可以知道需要买多少桶墙漆；铺地砖，根据地面面积，大概可以知道需要买多少块地砖……这些都属于经验数据。同时，漆的价格、地砖的价格，以及单日用工的成本等，也都有经验数据作参考。

既有明确的经济业务，又有经验数据作参考，预算就可以做到相对准确。但实际上，企业在编制预算的过程中，这两点可能都难以完全满足。所谓"预算做不准"，我们是从整体上评价的。但从局部来看，在某些业务事项上做准预算，是很有可能的。哪些局部预算必须做准，这就要分析企业所处的发展阶段，企业所处的发展阶段不同，预算的重点是不同的。

处于市场培育期（创业期）的企业，因为只拿着一点紧巴巴的投资，所以需要集中资源研发产品，把市场打开。这时企业难以把收入和利润预算做准，企业应重点做好资金预算，保证在钱花完之前把产品做出来。

进入市场成长期（拓展期）的企业，要做准收入和利润预算也较难，这时企业的首要任务是抢占市场，预算的重点应放在销售费用预算上，保证销售费用的充分投入，即一切要为市场开路，避免在抢占市场的过程中资金短缺。

等到市场成熟期（平稳期），企业业务发展与市场占有率基本稳定，这时应重点关注成本费用预算，收入和利润预算可以做到相对准确。成本费用若能降低一些，企业生产的产品在市场上可能更有竞争力。

进入市场衰退期，这时企业再着重做收入和利润预算的意义就不大了，企业须重点关注现金流量预算，要想办法把能收回来的钱全部收回。

企业要想破解预算做不准的问题，可以参考以下思路。

第一，界定清晰的企业发展战略，围绕战略目标前行，切忌这山望着那山高，要坚决摒弃盲目多元化的投机心态。

第二，在市场环境复杂多变，趋势难以预测的情况下，企业建立弹性预算机制，收入预算随市场变动，成本费用预算随收入变动。在市场态势不明的情况下，企业可分别按"乐观、稳健、悲观"三种预估方法编制预算，最后根据市场实际情况选择其中一种执行。

第三，把握住企业特定阶段的经营规律，在关键方面把预算做准。企业在不同阶段的经营规律和管理特点是不同的，预算编制不能脱离企业的实际情况。如前所述，企业处于不同的发展阶段，预算编制的侧重点应不同：创业期，侧重资本预算，活下来才是关键；市场拓展期，侧重销售收入预算，全力抢占市场，加大对市场的资源配置；平稳期，侧重成本预算，此时市场格局稳定，企业应追求精益管理，实现成本领先；衰退期，侧重现金流量预算，此时需要收缩战线，回笼资金。

第四，将预算执行情况纳入 KPI 考核，维护预算工作的权威性。预算管理是为实现企业战略目标服务的，企业要根据不同发展阶段的战略目标确定预算工作的重点，设计各预算责任单位的 KPI，通过考核确认和评价各预算责任单位及企业整体的预算任务完成情况。

第8章

以绩效考核为预算闭环

管理要落地，有两个关键词，一是量化，二是闭环。预算管理属于财务管理的范畴，它也属于企业的一类经营管理活动。预算要真正起到作用，闭环同样必不可少。绩效考核就是预算工作的闭环，它决定了企业预算管理是否具有足够的权威性与严肃性。

绩效考核也称 KPI 考核，它一直是一个敏感、深刻的话题。实务界对 KPI 考核的作用是有争议的，有人认为，KPI 作为一种舶来品，引入中国企业后水土不服，甚至有人认为 KPI 落后于这个时代。然而，在管理学中，从弗雷德里克·泰勒（Frederick Taylor）的标准化科学管理到彼得·德鲁克（Peter Drucker）的现代组织管理都认为，绝大部分人在没有承接 KPI 时都难以在工作中保持自主性和积极性。

KPI 作为一种管理工具，本身无好坏之分，它应根据企业管理特点，科学地进行设计，这对优化企业资源配置、促进企业战略目标实现具有重要的现实意义。

53.KPI 考核的进程与思路

一个完整的 KPI 考核进程，应该包含以下步骤，如图 8-1 所示。

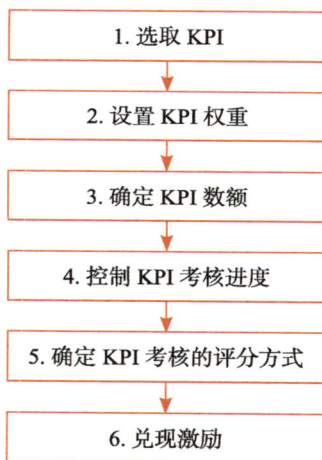

```
┌─────────────────────────┐
│      1. 选取 KPI         │
└─────────────────────────┘
            ↓
┌─────────────────────────┐
│    2. 设置 KPI 权重      │
└─────────────────────────┘
            ↓
┌─────────────────────────┐
│    3. 确定 KPI 数额      │
└─────────────────────────┘
            ↓
┌─────────────────────────┐
│   4. 控制 KPI 考核进度   │
└─────────────────────────┘
            ↓
┌─────────────────────────┐
│ 5. 确定 KPI 考核的评分方式 │
└─────────────────────────┘
            ↓
┌─────────────────────────┐
│      6. 兑现激励         │
└─────────────────────────┘
```

图 8-1　KPI 考核进程

第 1 步，选取 KPI。

企业在设定 KPI 时，一般应根据平衡计分卡的四个维度（学习与成长、流程与变革、客户、财务）进行选择，分别选出有代表性的指标。在学习与成长维度，关注人均效益的提升、团队能力建设；在流程与变革维度，关注市场机会与盈利能力的提升、交付能力的提升，以及风险管理；在客户维度，关注客户满意度和与战略伙伴的关系；在财务维度，关注规模性的增长、盈利能力、健康的现金流与资产周转率（"财务金三角"）。

财务 KPI 的选取方向——财务金三角

三角形有稳固性，"财务金三角"稳固的是企业的价值，它的真谛可以用两句话凝练概括：有利润的收入，有现金流的利润。既然"财务金三角"可以"固化"企业价值，那企业在做预算时，不妨围绕"财务金三角"展开。找出"财务金三角"中的短板，分析原因，并设法改进，会让企业的预算管理更具实操性和方向性。

一般来说，财务 KPI 是围绕"财务金三角"的三个方向（增长性、盈利性、流动性）去选取的。体现增长性指标的主要是收入、合同额；体现盈利性指标的是净利润、销售毛利率、成本费用率；体现流动性指标的是现金净流量、应收账款的占用、应收账款周转天数、存货周转天数。"财务金三角"体现的是企业的均衡发展，对其中的短板，可通过 KPI 进行牵引，尽可能让企业经营的增长性、盈利性、流动性俱佳，而不是厚此薄彼。

绝对数指标和相对数指标的选取

KPI 可分绝对数指标和相对数指标：绝对数指标，如收入、回款、总利润；相对数指标，如销售毛利率、销售费用率、应收账款周转天数、存货周转天数。这两类指标的差别在于：绝对数指标考核的幅度比较窄，偏刚性；相对数指标考核的幅度比较宽，它受多个指标共同影响，更具灵活性。

绝对数指标和相对数指标该如何选取呢？对结果类的指标，如收入、回款、利润，适合采用绝对数指标作为KPI；对过程类的指标，如成本费用、资产的流转，适合采用相对数指标作为 KPI。

KPI 的选取能体现企业的管理侧重

KPI 的选取不能一成不变，应根据董事会的战略意图做相应调整。例如，集团公司要求地区部向利润中心转变，**KPI** 可增加净利润指标；为加强应收账款管理，可增加应收账款周转率指标；为加强存货管理，可增加库存周转率指标。

第 2 步，设置 KPI 权重。

KPI 权重设置与 **KPI** 选取同等重要。企业需要根据自身所处生命周期的不同阶段来设置 **KPI** 的权重，以"财务金三角"为例，从增长性、盈利性、流动性这三个角度来看，**KPI** 的权重设置可参考下面的建议。

新成立的企业，比例为 5 : 3 : 2 较合适。新成立企业的主要任务是打开市场，争取获得更多市场份额。

稳定发展的企业，比例为 4 : 3 : 3 较合适。企业一方面要追求利润，另一方面也要关注现金流，但仍要把重点放在收入增长上。

现金流紧张的企业，比例为4：2：4较合适。企业需要扩大收入规模，以确保未来有更多的资金流入；另外，企业应加大对流动性的考核，让相关责任单位更关注回款。

亏损的企业或微利企业，比例为4：4：2较合适。这时企业应重点关注增长性和盈利性。

华为公司的 CN 地区部以往给代表处下达 KPI 时，在权重设置上，增长性指标选择的是合同额、收入额，以及从收入额里划出来的服务收入额，这三个指标考核权重分别占 10%、20%、5%。盈利性指标选择的是销售毛利率、净利润费用率和内部运作费用率，合起来所占考核比重的 30%。流动性指标选择的是回款、应收账款周转天数、存货周转天数、超长期应收账款占比，合起来占考核比重的 35%。增长性、盈利性、流动性的权重分别为 35%、30%、35%，考核权重分布相对均衡，但也有细微差别，公司更侧重于增长性和流动性的考核。

KPI 权重设置要合理地分配绝对数指标和相对数指标，建议以绝对数指标为主，相对数指标为辅。相对数指标的考核权重建议控制在 25%~35%，最好不要突破 40%，因为相对数指标的考核幅度宽，更容易被人为操纵。

第 3 步，确定 KPI 数额。

KPI 选定后应予以量化。企业进行 KPI 考核时，考核者是绩效评价的主体，被考核者是客体（一般是企业内部划分出的预算责任单位），客体对信息的占有比主体更充分。目标须经足够努力方能实现，目标数据一般从年度预算中摘取。

企业给被考核者定目标时要客观，同时要做到公平、公正，这一方面需要目标制定者有开放的心态，另一方面需要企业加强对被考核者的监控，力求减轻信息不对称造成的不利影响。

第 4 步，控制 KPI 考核进度。

KPI 下达后，无论是考核者还是被考核者，都需要关注 KPI 完成的进度。华为公司借助经营分析工具紧盯 KPI，每月都要对 KPI 的完成情况进行分析总结，找出其中的暗点。暗点一般是指没有完成目标、完成进度落后，以及和上年相比情况恶化的 KPI。在做经营分析时，被考核单位相关负责人要对暗点指标进行重点阐述，提出建议与措施，并落实到相关责任人，责令其在规定期限内整改。同时，下月的经营分析会要进行工作回顾，标注出不确定的情况，对进度落后的项目重点把关，对 KPI 的全年完成情况进行预测。

华为公司还非常重视财务预测。预测是打通财务与业务联系的一个绝好工具，预测也是财务人员了解业务的一个重要途径。华为公司代表处每一期经营分析完成后，都要对下季度的 KPI 完成情况及全年的 KPI 完成情况进行预测。

在一定程度上，财务预测让经营分析的质量有了衡量的依据。理论上，如果经营分析到位，财务预测也应该是准确的。财务预测的准确性，可视作强考核导向在财务工作评价上的运用。

第 5 步，确定 KPI 考核的评分方式。

KPI 考核自然要评分量化，评分方式有开放式和收敛式两种，这两种评分方式的运用效果各有千秋。完成目标后给满分，超额部分不予考虑，这样的评分方式是收敛式的，反之是开放式的。收敛式评分一般会确认一个基准线，基准线以下得 0 分，基准线以上按照业绩完成比例得分。

华为公司的 KPI 考核采用的是开放式的评分方式。开放式的评分方式意味着得了满分不一定就做到了最好。为什么华为公司会有这样一个评分理念呢？从 KPI 下达或许可看出其大致意图，如果一个被考核者正常可以达到 100 分水平，若刺激他，他的极限可能达到 120 分，但这个极限谁也摸不准，所以 KPI 理论上应该定在正常水平和极限水平之间。

KPI 越靠近极限水平，完成目标的难度越大；KPI 越靠近正常水平，完成目标的难度越小。对于考核者来说，自然都希望被考核者发挥出最大潜力，所以在考核时，他们会更看好那些业绩远超过目标值的被考核者。得分靠后的被考核者即便完成了目标，也可能在业绩考核排名中处于不利地位。开放式评分可以杜绝 100 分万岁心理，规避被考核者完成目标后躺平怠工。

第 6 步，兑现激励。

绩效考核完成后需要兑现激励。激励的方式有很多种，如升职、加薪、授予荣誉等。本文主要说明企业如何对高管团队兑现绩效薪酬。

企业通常对高管团队实行年薪制，年薪制的构成为基本薪酬加绩效薪酬，绩效薪酬在年薪中占比不宜低于40%。基本薪酬按月平均发放，绩效薪酬到年底时根据考核结果一次性发放。董事会先确定总经理的年薪，然后确定其他高管的年薪，其他高管的年薪多为总经理年薪的50% ~ 80%。

绩效薪酬发放标准取决于 KPI 考核得分。企业一般会规定被考核者的 KPI 考核得分低于一定标准时，不能获得绩效薪酬。例如，被考核者的 KPI 考核得分在 80 分以下，不能拿绩效薪酬；得分在 80 分以上，可根据得分的比率

（分值÷100）享受绩效薪酬，如被考核者的 KPI 考核得分为 90 分，0.9 乘以绩效薪酬总额就是其能拿到的绩效薪酬数。

54. 预算调整了，KPI 调整吗

我们总说计划赶不上变化，预算不准是常态，当预算严重偏离实际时，就需要调整预算。何谓预算"严重偏离实际"？当预算与实际情况产生巨大差异且无法弥补，过大偏差的预算已经对经营工作失去指导意义时，调整预算就是必需的。

需要强调的是，预算调整是有前提的，我们不能把执行者不够努力、经营不善造成的预算执行不理想当作调整预算的理由，企业绝不能轻易调整执行不良的预算。

预算调整后，企业对预算责任单位负责人进行绩效考核的 KPI 应该以调整前的预算数为依据，还是以调整后的预算数为依据呢？这是令很多财务人员都感到困惑的问题。

KPI 如同经营者立下的军令状，应该非常严肃。理论上 KPI 不应变更。如果市场没有出现重大变化，组织机构未进行重大调整，预算可以调整，但作为绩效考核依据的 KPI 不能调整。调整后的预算主要用于过程控制，后续预算执行以调整后的预算数为主，KPI 应依旧以调整前的预算数为依据。简言之，一般情况下考核用调整前的预算，工作中要执行调整后的预算。

实务中，也有特殊情形不能按上述原则确认绩效考核依据。例如，KPI 偏差过大，会导致绩效考核显失公允，激励效果不足。这时该怎么办？下面通过两个案例进行分析。

案例一：

甲公司销售部 2024 年确定的 KPI 为实现销售收入 2 000 万元，实现回款 2 340 万元。半年过去后，因为甲公司所处行业受到政策性限制，产品销售急剧萎缩。公司决定，将销售部的预算调整为实现年销售收入 800 万元，实现回款 936 万元。

很显然，如果继续按照原来的 KPI 数额对销售部进行考核，已经毫无意义。无论销售部如何努力，都不可能完成 KPI。这种情况下，按照调整后的预算对销售部进行 KPI 考核更可取。

案例二：

乙公司旗下新成立了子公司，2024 年确定的 KPI 为实现销售收入 2 000 万元，实现回款 2 340 万元。半年过去后，发现该子公司产品销售势头强劲，上半年就已经超额完成了全年的 KPI。公司决定，将子公司的预算调整为实现年销售收入 5 000 万元，实现回款 5 850 万元。

这种情况下，如果按照调整后的预算重新确定 KPI，会给被考核者一种"鞭打快牛"的感觉。如果让被考核者感觉这是上级在有意调整 KPI 施压，被考核者可能会产生逆向选择的心理，故意不完成 KPI，"留余粮、打埋伏"。因此，这种情形下依旧采用以前的 KPI 数额进行绩效考核或许更易让人接受。

通过这两个案例分析不难发现，在预算显失公允时，预算调整与 KPI 调整可以同步，也可以不同步。关键在于，预算调整后是否对被考核者有利：如果有利，KPI 可随之调整；如果不利，KPI 不宜调整。

55. 预算应结合财务分析、绩效考核进行

很多大中型企业都将预算作为管理工具来使用，预算工作也是企业财务管理工作中非常重要的内容。预算工作的起步是预算编制，如果企业的预算编制工作做得扎实，后面的预算执行及预算考核会相对轻松、顺畅。需要强调一点，企业仅盯着预算编制工作是短视的，预算工作不只有预算编制这一环。

当预算脱离实际、目标不能达成时，企业需要考虑是预算编制出了问题，还是预算执行出了问题。如果预算目标不能达成的主要原因是预算责任单位负责人与执行人能力不够，这时不可轻易调整原定的预算，而应对预算责任单位负责人与执行人做组织调整。

　　预算执行得是否顺利，企业可以拿会计核算结果与预算去对照。实际执行结果与预算对照的过程，就是进行财务分析的过程。通过财务分析，企业可以揭示出影响预算目标达成的薄弱点，以及企业经营存在的问题。先揭示问题，进而解决问题，这样做的目的是促进企业实现既定目标，提高企业的整体绩效水平。

　　可以说，预算管理、财务分析、绩效考核是三位一体的财务管理工具，这三者年复一年地贯穿于企业财务管理的过程中。我们在推行预算管理时，应该结合财务分析、绩效考核进行。如此协同作业，就等于实现了预算工作的闭环。

　　预算编制的过程也是资源分配的过程，如果预算脱离绩效考核，大家看到的很可能是各预算责任单位在编制预算时争权夺利，为实现个人利益最大化不择手段。任何事情都需要做到责权利相匹配，抢到更多的资源，就应承担更多的责任。如果做不到这一点，预算工作就会搞成形式主义，这肯定不是企业经营者愿意看到的。

　　预算是源头，有了它，一方面让绩效考核有了抓手，可以确定 KPI 要达成的目标；另一方面让财务分析有了对标的依据，据此可以对企业实际财务状况的优劣进行评价与判断，以便于经营纠偏。反过来，我们也可以这样理解，绩效考核为预算目标的达成提供了手段保证，财务分析为预算目标的达成提供了方法保证。

企业把预算管理、财务分析、绩效考核这三个工具结合起来使用，三者都容易发挥很好的作用；将之割裂开来，画虎类犬，很可能都会搞成形式主义。企业财务部门不妨把这三项管理职能统一分配给某个具体的责任人或某个确定的小组，这或许更有利于企业财务管理工作的开展。

财务人员如何高效学习

　　财务人员是职场上非常热爱学习的一个群体。在早晚高峰的地铁上，我经常看到有人在看会计考试方面的书。热爱学习，这是一种难得的优秀品质。做财务工作，不学习是不行的，不爱学习也是不行的。"变"的内涵在财务会计上表现得淋漓尽致，会计准则在变，税法在变，公司法在变，工商的各种规定也在变，财务人员要想成长进步，必须坚持学习。

　　财务人员若做不到持续学习、终身学习，不能及时更新自己的知识，相信其很快会被职场淘汰或被职场边缘化。在职场竞争中，能坚持学习是一个加分项，爱学习的劲头本身就带有正能量。

　　身处职场，财务人员应该学什么呢？我认为，除了财会专业领域的知识和技能，一些与工作相关的非财会专业领域的知识和技能也是非常值得财务人员学习的。

一、学习财会专业领域的知识和技能

财务人员首先要学的，自然是账务、财务、税务方面的知识与技能。

打铁先得自身硬，具备扎实的专业基础，是财务人员立足职场的先决条件。正所谓根基不牢，地动山摇，如果财务人员专业素质不过硬，未来的职业发展一定不会顺畅。具体来说，财务人员应从以下几方面进行专业学习。

学习会计准则与财税法规。会计准则总在变，财税法规也会发生变化，对此，财务人员应让自己与最新的财税法律法规同频共振。对这方面知识的学习与更新，财务人员要有高度自觉。

学习与积累财务工作实操经验。财务实操和书本上的理论不见得完全一样，财务人员应秉持虚心的态度多向老会计们请教，多积累实操经验。

学会运用管理会计的典型工具开展工作。书本很难将管理会计的方法论讲透，如怎样把财务分析升华为经营分析、怎样确定预算目标、怎样设计内控体系、怎样做绩效考核……这些都需要财务人员在实际工作中学习，即边干边学。财务人员只有在工作中掌握管理会计的典型工具，并将其理解透彻，才能真正做到学以致用，提升自身专业技能。

学习先进的财务管理理念与财务管理模式。他山之石，可以攻玉。向最优秀的企业学习，向最优秀的财务工作者学习，财务人员等于站在巨人的肩膀上往上攀爬。

二、值得学的非财会专业领域的知识和技能

学好会计，做好会计工作，财务人员会有理想的发展空间吗？可能有，但不必然。换句话说，财务人员要想在职场有更好的发展，需要跳出财务看财务。或许拥有专业的财务知识与熟练的技能是职场发展的助力，但这并不必然能帮助财务人员坐上财务高管的位置。

据我所知，很多大企业的总会计师和财务总监不是学财务出身的，他们大学并非学财会税审类专业，最初的工作也不是做会计，但他们却当上了总会计师或财务总监，并且都干得很出色。这是不是能给财务人员一些启示呢？

从做出纳和费用会计起步，然后成长为总账会计，再由总账会计成长为会计主管，再成长为财务经理、财务总监，财务人员如果想循着这样的发展路径往前走，仅学透财会知识是不够的，建议还应学习以下三个方面的知识和技能。

首先，学会并熟练使用办公软件、办公工具，拥抱信息化发展。

在会计职场中，财务人员用得最多的计算工具是Excel。今天的财务人员如果不会用Excel，就好比30年前的会计不会用算盘。Excel的基本功能，财务人员必须了解并运用娴熟；Excel函数，财务人员必须灵活掌握。Excel用好了，财务人员无论是做财务分析、做预算还是做数据统计，都能得心应手。

除了Excel，财务人员还要用好PPT。财务工作成果的展示、企业宣传材料的展示、内部培训教案的展示等，都要借助 PPT。PPT 的运用非常广泛，财务人员必须下功夫把它学透用好。

做好 PPT 绝非易事。PPT 展示的是"有力的点"，做 PPT 的过程，实际上是对内容进行提炼的过程。能不能把要"点"提炼出来，把 PPT 做得美观一些，能反映出财务人员是否具备抓问题重点的能力，以及是否具有认真的工作态度。

除 Excel、PPT 外，财务软件、OA 办公软件、ERP 软件、RPA 机器人等，财务人员都应做到灵活使用。另外，一些常见的对工作能起到辅助作用的软件，也值得财务人员学习，如视频剪辑软件等。总之，财务人员若能灵活使用软件工具，必将极大提高自身的工作效率。

其次，学习并提高职场软技能。

软技能虽"软"，它的作用却很"硬"。财务人员需要学习并提高哪些软技能呢？下面我重点讲四项。

（1）要有好的口才。夸夸其谈不是好口才。财务人员的好口才主要表现在两个方面：一是要有很强的汇报能力，能把工作成果和工作诉求用清晰、准确、简洁的语言表述出来；二是能指导下属或相关部门人员工作，能说清楚工作要求和考核标准。

财务人员如果能讲专业课，是很受企业欢迎的。我记得华为公司以前搞六级专家发展通道，四级以上的专家都要具备授课的能力。华为公司做出这样的规定，等于要求专家口才必须好。口才不好，意味着难以把自己的智慧和经验转化为集体的智慧和经验，这无疑是一种能力缺陷。

并非每个人天生口才都好，口才是可以练习的。怎么练习呢？财务人员可以"强迫"自己说，有意识地找机会说，如开通视频号、抖音号等自媒体，每天选择一个财务知识点或相关主题进行讲解，录三分钟的短视频，适时分析不足。坚持做这样的练习，一段时间后就会看到效果，财务人员说话会更加顺畅，汇报工作会更有条理。

这里我给出一个建议，为了实现说话更有条理，财务人员可以努力培养自己的模板化思维。所谓模板化思维，就是在阐述问题时，尽量分类分层次表述，先说大类，说清楚事情涉及的几大部分，然后在每个部分下面细分小点。需要公开陈述意见时，财务人员可以先打腹稿，将所讲的内容领悟透彻，据此演说，必能讲得顺畅。

（2）要有好的文笔。好文笔是一种重要的办公能力，任何单位都需要"笔杆子"。日常工作中，财务人员免不了要拟定财务制度、撰写财务报告、写各种各样的汇报材料，这就需要财务人员有好的文笔，好文笔可以让财务人员在职场中脱颖而出。

想有好文笔，写出好文章并不简单。通过读一个人写的文章，我们往往能识别出这个人有无才华。文章能反映出作者的情感倾向，以及对问题思考的深度。如果作者对一个问题思虑不详，他写的东西就不可能通透。能把文章写得条分缕析、头头是道，本身就说明作者对所写内容是有认知、有思考的，而且思路是清晰的。

分享一个写作经验吧，写长篇文章时，财务人员可以先列出大纲，把长文拆分成多篇短文。在写短文的过程中，如果对内容把握不好，可以先把想写的内容口述出来，通过录音做好记录，然后将录音转化为文字，再对文字进行修改与优化，直至一篇文章写好。长期坚持这样练习，财务人员自然能写出好文章。

（3）要有好的沟通能力。沟通能力跟前面提到的好口才中的"说"的能力既相关，又有差别。说，是自己演独角戏；沟通，既要会说，还要会看，能察言观色。

沟通的目的是通过交流把事情办成。如果沟通不畅，和别人发生了争吵和冲突，什么事都没办成，就算吵赢了，这个沟通也是无效的。要让沟通有效，最好的办法是基于同理心和别人沟通，多换位思考，多关注对方的利益诉求。沟通需要妥协，要让对方同意自己的想法，也要懂得适当做出让步。

（4）要有很好的组织能力。职场上组织能力也很重要，但这个能力很容易被财务人员忽视。我上大学时，看到学生会干部组织文体活动和文艺汇演，当时我觉得这没什么难的；参加工作后，看到行政部门的同事组织会议，我也没觉得有多难；后来我分管过一段时间行政工作，我才知道把活动组织好绝非易事，方方面面的细节，组织者都要预先考虑到。

　　例如，集团公司要召开中层以上干部会议，总经理只告诉你哪天在哪个酒店开会，然后让你负责组织这次会议。在这种情况下，你要负责联系酒店、订会议室，帮异地参会的领导和同事订客房。此外，还要考虑就餐的标准、就餐的形式以及费用预算等。如果是桌餐，要安排好就餐位次……这些细节工作，都要设计好预案。

　　组织工作可以让人得到极大的锻炼，它能让组织者的思维变得精细化，考虑问题的时候，对细节有足够的敏感性。财务人员要努力提高自身的组织能力，将工作深入到细节，深入到执行层面。

　　最后，学习企业的管理制度与业务知识。

　　企业的管理制度、文化、市场、业务、产品，这些方面的知识，都需要财务人员学习。每个企业都有其独特的管理文化，例如，华为公司的管理文化就和国企、央企的管理文化不同，同样是民企，华为公司的管理文化和联想公司的管理文化也不同。了解企业的管理文化，并努力适应这种文化，财务人员才能更好地在企业中立足。

高效学习企业管理文化最好的办法是通读企业的制度。财务人员读制度，并非只读财务制度，而是要阅读企业所有的制度，思考制度出台的背景、管理要求、企业想达到的管理目的等。财务人员如果能带着这些问题进行思考，等于是以高层领导的视角看待企业的管理问题。

财务人员还应多学习业务方面的知识，多了解企业的市场、商业模式和具体的产品。现在都在讲业财融合，财务人员要想融入业务，必须先懂业务。

懂业务，最好的办法是向业务人员请教。财务人员要打开视野，走出办公室，多和业务人员沟通交流，了解和掌握企业销售、采购、生产及运营中存在的问题及真实的业务数据。

三、如何提高学习效率

关于如何提高学习效率，以下六点建议供财务人员参考。

（1）给自己确定一个学习目标。人在全身心投入的状态下工作和学习，与在松散懈怠的状态下工作和学习，效率差别是很明显的。为了提高学习效率，财务人员在学习时，不妨给自己定个学习目标，并把这个学习目标当成自己的职场 KPI 来看待。

我就给自己定了一个读书目标：每年至少读完 20 本书，争取读完 30 本。这个目标定下后，再细分，每个月读两本书。目标有了，我一有时间就会捧起书看一看。如果某个月我没有读完两本书，我会有愧疚感，感觉没有完成任务。兴致高时，我也会一个月多读几本书。月度平衡后，我可保证全年的读书目标能实现。

无论是工作还是学习，只要踏踏实实地进行，全神贯注地投入，你就会感觉到效率很高，原以为费时一周才能达成的目标，可能两三天就达成了。

（2）以考促学，以压力促学。会计方面的考试特别多，财务人员的职业发展离不开证书加持。既然如此，财务人员可以通过考证逼迫自己学习。考试只需一两天时间，但为了备考，财务人员要投入较长的时间进行复习。以考促学，财务人员把考试教材系统地看一遍，就等于在脑子里更新了一遍知识。例如，把注册会计师考试的《会计》《经济法》《税法》等教材看一遍，财务人员自然就完成了对会计准则、经济法与税法等知识的更新。

以考促学，虽带有功利性，但它是一种非常高效的学习方式。

（3）报名听课学习。听课也是一种重要的学习方式。同样是学习，相比看书，听课要轻松一些。完全靠自己摸索找方法，不仅费时，而且费事。如果听一个小时的课程，就能把某方面的财务知识与工作技能学会，这无疑是幸运的。

（4）多关注一些有影响力的财税类自媒体。现在自媒体很多，抖音号、视频号、公众号、小红书、B 站等都很流行，建议财务人员多关注一些有影响力的财税类自媒体，看看这些自媒体写的文章，听听他们讲的课。

（5）有选择地读一些好书。读书是最简单易行的学习方式。但如果你读的书价值不高，阅读其实是在浪费时间。市场上财会实务类图书有很多，把它们全部读完显然不现实。财务人员在读书时，要有所选择，带着问题去读。

除了专业类图书，我也建议财务人员拓展一下视野，看一看管理类、经济类图书，了解优秀企业的先进管理模式与管理理念。此外，财务人员还可以读一读历史类的图书，"一切历史都是当代史"，历史上发生过的事在现实生活中几乎都能找到影子。读史可以明智，既然知道类似的事情从前发生过，我们何不向古人学习处置之道呢！文学类的书也值得财务人员读一读，看文学作品可以丰富自己的内心世界，让自己的人生更精彩。

一个人的综合素养是多维度的知识与能力共同烘托出来的。财务人员要适当从专业中走出来，汲取多方面的营养。以做沟通工作为例，如果财务人员只知道一板一眼地讲专业，不懂幽默，也不顾及听众的反应，这样的沟通除了无趣，还可能会误事。

（6）多向经验丰富的人请教。财务人员在日常工作中要多向知识渊博、工作经验丰富的人请教，多听取他们的意见，通过不断地请教与知识积累，建立自己的智库，随时调取智力资源。